人は住むために
いかに闘ってきたか

欧米住宅物語
［新装版］

早川和男 著
kazuo hayakawa

東信堂

新装版への序

海外旅行をすると、わたしはただぶらぶらと街を歩く。名所旧蹟をめぐるよりそのほうが楽しい。そこには人びとの暮らしがあり、生きた証しがあるからだ。日本人は欧米の住宅や街や公園の豊かさを羨むが、それも住む闘いの成果である。私費を投じて労働者住宅を作ったナポレオン三世、二万人が家賃ストライキに入ったグラスゴウの借家人、低家賃住宅を寄付したロスアンゼルスの不動産会社……。

本書は、アメリカ、イギリス、フランス、旧西ドイツについての居住権運動の現代史である。これを一九九〇年新潮選書の一冊として刊行されたものであるが、この数年絶版となっていた。これを惜しまれた東信堂・下田勝司社長のご配慮により、今回再び世に出ることになった。新装版には、初版刊行の九〇年以降の政策や運動にもふれようとしたが、余りにも複雑・多岐にわたるうえ、〝あとがき〟にも書いたように、本書は制度・政策の紹介が目的でないのでそのままにした。本書の主題である居住権運動の新たな動向については機会を見てとりくんでみたい。

ただ二つのことにふれたい。一つは、一九九八年九月ニューヨーク・ハーレムを訪れたときの、コミュニティ再生にとりくむ黒人牧師プレストン・ワシントン氏の話である。

「居住地区を人間にふさわしい姿に再生することは人間解放の一環」という彼の考え方にひどく感心したことを覚えている。

いまのハーレムの状況は新しい奴隷制度にもたとえられる。荒廃した建物、ホームレス、何度もの転居は精神を不安定にする。私たちの事業の目標は、住人に希望を与えることである。希望はここに安心して住めること、子どもの教育環境を用意すること、雇用に力をそそぐこと、そして商業と経済の再生にある。

これは、かたちこそ違え、現在の少なからぬ日本人と日本社会が直面している状況と同じではないか。現代日本社会の中心課題の一つは劣悪居住と居住の不安定である。うちつづく災害で家を失った被災者の住宅再建の放置、都市再開発による地上げや強制退去等は、多くの人々を路頭に迷わせ、生きる希望を奪っている。そして、全国津々浦々に累積する一揺れくれば倒壊の危険のある老朽・欠陥住宅の大群とその再生産、超高齢社会に向かってめざされている在宅介護などは低住居水準のもとで困難になっている。家賃やローンなどの重い住居費負担は日々の生活を圧迫し、賃金カットやリストラに遭えばたちまちホームレスに陥る危険を招いている。年金その他の社会保障も住居の問題を抜きにその有効性を議論できない。増え続ける自殺なども、安心できる居住保障の不在と無関係ではないと思う。子どもたちの心身の荒廃の背景にも、自然の喪失を含む居住の物理的・社会的環境の劣化があろう。孟子のいう「居は気を移す」とはこのことではないか。

もう一つは、著者が近年提起している「居住福祉」（たとえば岩波新書）概念は、ひとくちにいって、安心できる居住は人間の生存と暮らしと福祉の基盤であるという意味だが、西欧諸国は歴史的に国家的な居住保障政策によって福祉国家の基礎を築いた。だが、それは前述のように一朝一夕にできたものでない。また、本書第三部に登場する一九世紀中葉のシャルル・フーリエのファランステール（社会宮殿）、一九世紀初頭のロバート・オウエンなどの思想・理論は、一六世紀のトーマス・モアの「ユートピア」以来の人間の幸福や生きがいと結びついた居住のありかたを追求する思想家たちの主題となってきた、そのこととつながっているように思われる。

二〇〇一年一月、「日本居住福祉学会」（事務局ＦＡＸ：〇五二・八三五・七一九七）が発足した。居住福祉は居住の思想や居住にかかわる諸権利運動抜きに実現しない、という認識がそこにはある。

二〇〇二年大連・老年学会で「居住福祉」について話した時、そういう考えは中国には紀元前二世紀（前漢時代）からあり、「安居楽業」（心安らかに生活し生業を楽しむの意）というと指摘され、さすがに四〇〇〇年の歴史を持つ国と感心もした。英国労働党の戦後の二大スローガンも（第二部）、アメリカの建設労働組合の取り組みも（第一部）、住居と仕事の確保であった。安心できる住居とやりがいのある仕事は人生の根幹という考えは、古今東西共通のものなのであろう。そういう意味では、本書での考察も「居住福祉」「安居楽業」を両輪にしている、とあらためて思う。二〇〇五年は日本の住宅政策の激動期にある。市場原理中心とはいえ、まがりなりにも戦後続いてきた公営・公庫・公団の住宅三法は解体されようとしている。そういうときに本書が刊行されることは、又意味があるかもしれない。

なお、本書初版が刊行されてから、その後上梓された平山洋介『コミュニティ・ベースト・ハウジング―現代アメリカの近隣再生』（一九九三年、ドメス出版）、田端光美『イギリス地域福祉の形成と展開』（二〇〇三年、有斐閣）、堀田佑三子『イギリス住宅政策と非営利組織』（二〇〇五年、日本経済評論社）などは、わたしにとって米英の政策の動向を知る労作として、興味深かった。他にもあるかもしれない。

最後に、この間、本書（初版）の刊行を喜び高く評価して自ら長い書評を書いて下さった師の西山夘三京都大学名誉教授（西山・早川『学問に情けあり』所収、大月書店）、ロンドン大学客員研究員としてお招き頂き公私にわたる世話と学問的示唆をいただいた森嶋通夫・同大学名誉教授が逝去された。謹んで哀悼の意を表します。

二〇〇五年九月

著　者

v

人は住むためにいかに闘ってきたか——欧米住宅物語【新装版】／目次

人は住むためにいかに闘ってきたか——欧米住宅物語〔新装版〕

プロローグ

近ごろ海外へ出かける人がふえた。ヨーロッパやアメリカの街を歩いてみると、あるいは誰かの家に招待されると、そのゆとりというか、日本との違いに驚かされるだろう。外国に出かけることのない人でも、テレビ番組などでそれを感じる人は少なくないだろう。

歴史と文化の香りが豊かで整然とした街並み、人びとがくつろぎ、思い思いの遊びに興じ、パフォーマンスの演じられている広場、色とりどりの樹木につつまれた並木道、街と住まいをとりかこむ森や湖や河などの自然の豊かさ、息をのむような夕暮れの空、そこをゆっくりと行き交う老夫婦や親子連れや若いカップル、ときおりさんざめく子どもたちの声。そして、家の中はゆったりとした居間、快適な寝室、花が咲き乱れる庭……。そこには、ただそこにいるだけで、あるいはぶらぶらと歩くだけで楽しく、気分をやわらげ、ときには傷ついた心をいたわり、あるいは晴れ晴れと気宇壮大にさせる空間と環境がある。

欧米の住居や街のすべてがそうだというわけではない。だが、わたしたちの身辺の状況と見くらべるとき、彼我の違いの大きさを感じないわけにいかないだろう。

最近わが国では「豊かさとは何か」を問いなおす声がつよい。世界有数の経済大国になったのに、庶民はいっこうに豊かさを実感できない。子どもも大人も、自由な時間が少ない。狭苦しい家やごみごみした生活環境、狭いわが家のもとでは、身も心も安まらず、家族との団らんもままならない。若い人は新しく住宅を入手することができず、高齢者は居住の不安にさらされている。どんなにお金があっても、快適で安心して住める住居と生活環境がなければ、人間らしい暮らしはできない、ほんとうに豊かな人生は送れない。日本人はいまそのことに気づきはじめているのだろうと思う。

それでは欧米諸国の住宅や街や生活環境は、どのようにして現在のような姿になったのだろうか。わたしはそのことを追い求めてきた。わかったことは、そうした欧米の立派な住宅、美しい街並み、豊かな自然、といったものは、自然にできたのではない、市民、勤労者、宗教家、行政官、政治家、医師、建築家、弁護士、企業家など、各界各層の人びとによるさまざまな形の「運動」によって実現してきたものだということである。それはついこの五〇年、遠くさかのぼってもせいぜい一〇〇年ほどのあいだのことである。それまでは彼らの住まいもウサギ小屋、ときにはそれ以上にひどい状態にあった。そして今日なお、人間らしい住居の確保が困難になると、強い「運動」が起こっている。それらのすべては日本と格段に違う。政府、自治体、銀行、大企業、デベロッパー、労働組合、市民、建築家等々、どのひとつをとりあげてもその姿勢に根本的な相違がある。

それは、何よりも住居に対する認識の違いである。彼らは「人間にふさわしい住居に住むことは生活の基本的な条件」と考えている。そして「住居は人権」と位置づけるゆえに、その実現には国民諸階層が努力する。居住条件の悪化や政策の後退にたいしては、力をあわせて抵抗する。高い住居水準と生活環境の実現は、こうした努力の結晶であり歴史の成果なのである。

それは、民主主義の問題であるといってもよいだろう。人びとは、自らが社会の主人であることを自覚し、人間にふさわしい生活環境の実現に向かってとりくんでいる。そのような草の根の民主主義の有無が社会の状態を規定している。この点が欧米社会と日本社会の最大の違いであり、これこそが、社会がほんとうに豊かであるかどうかを決定する最大の要因ではないのだろうか、とわたしは思う。豊かな住居と生活環境は必要なことだが、それ以上に大切なのはそれを実現しようとする国民の意志がどれだけ存在しているか、どのように人びとが取り組んでいるかというデモクラシーなのではないか。

わたしは本書で、そのことを明らかにしようとした。欧米諸国の諸都市のこれまでの、いわば住まいをめぐる「生き方」を追跡しようとした。そのとりあげ方は、国によって、歴史的考察があったり現代のとりくみに焦点をあてるなど異なるが、そこに存在する居住の思想とデモクラシーの姿を考察しようとしたのがこの本である。

日本国民の多くは、いま、かつてない住居問題にさらされている。それを解決する手段として土地基本法や住宅基本法がとりざたされている。だがそこには、住居を生活の基盤、市民社会の条件として実現しようとする視点に立ってそれを主体的に進める住民の強力な運動がまだない。国民各界各層の認識ととりくみが弱い。日本は住居と生活環境をよくする運動が基本的に欠けた特異な国ではないのか、と欧米を見て思う。

本書は、住まいをめぐる、アメリカ、イギリス、フランス、西ドイツの人びとの生き方をたずねる心の旅路である。日本の現状とくらべあわせながら読んでいただければ幸いである。

第一部　アメリカのデモクラシー

第一章　シカゴのルネッサンス

犯罪、暴力、麻薬、失業、都市荒廃、人種差別、侵略、軍事大国、帝国主義……。アメリカについての報道には、いつも否定的なイメージがつきまとう。

だがわたしが接したアメリカには草の根の民主主義が息吹き、彼らの血のなかにはいまも建国の精神が脈うっているように思えた。

シカゴは、スカイ・スクレーバーの林立する大都市である。サーリーネン、ライト、ローエ、スキッドモア、オウイングスなど名だたる建築家を輩出した都市だけあって、ひとつひとつの建築が美しい。周辺地域をいれて、人口六〇〇万人、大阪とほぼおなじで姉妹都市でもある。

このシカゴはアメリカの他の大都市と同じく都市中心部の衰退がはなはだしい。古き良き時代の邸宅には黒人が住みつき、白人は郊外へ逃げる。黒人と低所得層の増加は税収の減少、都市財政の悪化、行財政支出の増大などをまねき、ゴミ収集など公共サービスの後退、犯罪の増加、バンダリズム(公共の器物をこわすこと)の横行など、都心の過疎化と荒廃がすすんでいる。加うるに、

家主によって放棄されたアパート

黒人が住むシカゴ市内の豪邸

民間借家の家賃統制で、家主はインフレのもとで上昇する税金、水道料、修理費、光熱費（家賃にはこれらが含まれている）などを払うことができず、借家（アパート）の持ち家への転換（″コンドミニアム・コンバージョン″といわれる。コンドミニアムとは日本のマンションにあたる）が一九七〇年代後半以降のアメリカの住宅事情をめぐる大きな流れとなった。貧乏人は家を買いとることができず、アパートを出ていく。借家人が出ていかないとき、家主は空き家にしたほうがましだというので、人を雇って借家人の留守中に放火することさえする。

都心から人がいなくなれば街は活気をうしなう。企業は労働者を雇うことができず、経済は衰退し、生活環境は悪化する。

荒廃する都心部を生き返らせる

シカゴには二つの大銀行があり、競いあっている。そのひとつ、ファースト・インターナショナル銀行とその社外重役二〇人は、ある日、銀行最上階の重役室にあつまっていた。重役を送りこんでいる企業は、地元の新聞、テレビ、ラジオ、鉄道、電力、電話、食品、運送、トラクター、化粧品、百貨店、小売業、農業機械、建設業などである。

都心の様子を見おろしながら重役たちは語りあった。シカゴの街から人がいなくなる。街がさびれつつある。これではいけない。何とか都心に住宅を供給しようではないかと相談がまとまった。各社が平等に出資、一五〇〇万ドルの基金で「デアボーン・パーク開発公社」を設立することになった。鉄道会社は引き込み線を移転した跡地を現物出資した。デアボーン駅を含む約二〇ヘクタールの地域である。

デアボーン・パーク開発公社によってたてられた老人住宅（シカゴ）

アメリカのビルダーの利益率は普通一八から二〇％といわれる。それをここでは最高六・五％に制限した。政府の低利融資も受けた。そして、退職した老人や障害者のための低家賃の住宅、コンドミニアムなどを供給することにした。

地域を安定させるために二年間は住まないといけない。家賃は市場価格より二〇%から三〇%安い。住宅は、二階建て、六階建て、二〇階建て、タウンハウスなど。住宅地の中には、公園、テニスコート、自転車専用道路、散歩道などが配置されている。コンドミニアムの値段は五万ドル(一寝室と居間、食堂、浴室、便所)から一〇万ドル(三寝室と居間、便所二、浴室二とシャワー室)までである。

もうひとつの銀行、コンチネンタル銀行は、都市の再生にとりくむ慈善団体の活動に資金援助をはじめた。

コンチネンタル銀行はこれまで毎年三〇〇万ドルを美術館、シカゴ・シンフォニーなどに寄付していた。しかし七〇年代に入って、より社会的な事業に使っていくことに目をむけだした。一九七九年一一月、低所得層むけ住宅事業への援助をスタートさせた。一九八〇年は五〇万ドルを「ネイバーフッド・デベロップメント・オーガナイゼイション――近隣開発公社」に寄付した。政府も一億二六〇〇万ドルの低利融資をおこなった。この公社は、捨てられたビルを買いとって修理・再生する事業にとりくむ非営利団体である。捨てられた住宅があって街がさびれていくので何とかしようと、地域の住民があつまってきて自然発生的に生まれた。

都市再生のための慈善事業を効果的にすすめるために、コンチネンタル銀行は一人の建築家を雇いいれた。フィデル・ロペス氏は以前ハーバード大学、イリノイ大学で都市計画を教えていたが、いまは援助プログラムのマネージャーとしてはたらいている。

そのロペスさんに会った。

「七九年に銀行にはいり一一月まで銀行業務を勉強しました。わたしの仕事は住宅再生のために政府の補助金をもらうにはどうしたらよいか、みんな経験がないので時間がかかる。それを銀行のほうから手をさしのべて手伝う。技術的援助もおこなう。これからの銀行は活動範囲をひろげ、社会的に不安なビルを良くしていこうという考えです。自転車でも修理すれば一〇年、二〇年もつように、住宅を予防薬的に修理していくことにわたしたちは力を注いでいます」

住宅再生事業のひとつ、「十八番街開発公社」をわたしは訪れた。

シカゴ西部のピルセン地区は低所得層の住むコミュニティで、住民約四万五〇〇〇人、その八〇%はヒスパニック（スペイン語系南米移民）である。地域に住む四人家族の中間層の年収は一万四四八七ドル（一九八〇年）、住民の大多数が低所得層であることを示している。シカゴ市内全体では八%の人たちが過密居住の状態で住んでいるのにたいし、ここでは二三%を占める。住宅は古く、荒廃し、一九六〇年から八〇年にかけての二〇年間に約二〇万戸、住宅の一二%が住めなくなった。

わたしは、案内役のアメリカ人といっしょに街をぶらぶら歩きながら、紹介された開発公社の事務所を探した。三、四階建てのアパートが立ちならぶ通りには、スペイン語の看板が掛かって

シカゴ十八番街開発公社住宅再生事業の地下工事事務所でヴィリカナ建設労組委員長から話をきく

事務所の壁には講義の時間表が見える

いる。歩道でさまざまの人種の子どもたちが遊んでいる。

めざすビルが見つかった。十八番街開発公社の本部といっても、三階建てのアパートの一階。裸の板張りの床は歩くときしむ。使い古したソファーと家具。その中で八人の事務員がはたらいている。地域の住民が自由に出入りし相談に来ている。ふと気がついた。立派なオフィスは貧しい人たちを入口で拒絶してしまう。はたらいている人も、新しいビルの中のピカピカのスチール家具にかこまれて仕事をしておれば、みすぼらしい服装の住民の生活や感情は理解できにくいであろう。その点、このオフィスなら安心だ。

修復工事中のアパートに案内された。地下室に降りる。裸電球がぶら下がっている。むきだしのコンクリートの床の上の木机。それにむかいあって建設労働組合委員長で現場の責任者でもあるソイル・ヴィリカナさんから話を聞く。たくましい顔つきの貫禄のある女性である。

ここでは建設労働組合が中心になって独自の活動を展開している。

「ここでの活動は四つの目的を持っています。

第一は、捨てられたアパートを再生し地域の住民の住宅を確保すること。

第二は、労働者を募集し、失業救済に役立てること。

第三は、大工などのトレーニングをここでやり、技能労働者を育てること。

第四は、少年非行の防止で、すでに八〇人の非行少年を技能者として養成しました。たんにビルを直すだけでなく、社会を直していくのがこのプログラムです」

人間にとって住まいは大切だが、仕事も不可欠だ。ここでのプログラムは、地区のビル再生事業をつうじて、人びとの貧しい教育水準や労働の習慣や言葉の面から貧困を克服するという、人間とビルのリハビリテーションを同時におこなっている。

失業中の若者に、新聞、ラジオでPRしたり、職業紹介所をとおして、〝いっしょに働かないか〟とよびかける。大工は最低賃金が保障されているが、試験があり、少数民族が大工になるのはむずかしい。それを教育する。一年の職業訓練期間をすぎると訓練生として公社に受け入れる。大抵は一六歳から二一歳の男女である。訓練の期間中は現場の技術者が建築技術についての教育をおこなう。現場で教育にたずさわる技術者への給料は連邦政府労働省が支払っている。

話し中、女性の労働者が何人も出入りする。現場員が打ち合わせにくる。ヴィリカナさんの話が途切れた合間に横を見ると、壁に貼られたスケジュール表には、各種の打ち合わせとならんで「午後一二時半から三時まで講義」とあった。

わたしが初めてこの事務所を訪れたのは一九八〇年のことである。その後、この事業はどうなったか。再度の調査でわかったことは、一九八七年までに約二〇〇人の男女を一人前の建設技術者として卒業させた。六〇%は建設分野ではたらいている。八六年から八七年にかけては一八人が大工のトレーニングを受けた。そのうち一二人が大工、六人がレンガ積みの仕事をまなんだ。一二人は組合の試験を受け、六人がパスし建設労働組合に加入した。一八人中一七人は、他で新しい仕事につき、一人だけが公社に残っている。

アメリカ社会再生の原動力

銀行に住宅再生事業をとりくませている背景には、市民の都市再生への渇望がある。アメリカを襲う景気の後退は地場産業を崩壊させ、雇用の機会をへらしている。このピルセン地区は、そのもっとも大きなしわよせを受けている地区のひとつである。一九七〇年代のピルセンでは製造業雇用者の五一・四%が職をうしなった（実際、この地域全体の失業率はたかく、一九八九年五月現在二一％と推定されている）。そのこともあって、若者のバンダリズム、あるいは集団ギャング行為が爆発的にふえた。一方、市の調査では、住民も産業人も街の中に残ることをのぞんでいる。

シカゴの街は鉄道が乗り入れていて便利なことをみんな知っている。文化的生活様式を維持することが容易だからだ。住宅を再生させる事業は地場産業を活性化させ、雇用をふやし、人びとのコミュニケーションをとりもどす鍵だという認識が人びとのあいだにある。

再生されたアパートは、低所得層・中所得階層の人びとに安く貸し出される。八七年末に完成したある三階建てのアパートには九戸の住宅がある。どれも三つの寝室がついていて家賃は一カ月二五〇ドルである。他の地域にくらべると安いが、地区の人びとにはよい値段だ。低所得者たちは政府の家賃補助を受けて住んでいる。

このような事業は住宅だけでなく公園の整備や歩道の修理にもひろがっている。地区の公園が小さいのでこれをひろげて美しくし、地域の人びとに戸外の生活を楽しんでもらおうというねらいである。地区には、〝空き地に木や野菜を植えましょう〟という看板がでている。

その後ロペスさんは銀行をしりぞき、自分でコンサルタント事務所をひらいている。一九八六年からはアウガスティン・オルベラ氏がマネージャー。メキシコ系のアメリカ人で、イリノイ州立大学から都市計画の学位をとっている。

そのオルベラさんは、

「将来もっと建物を手にいれて若者のトレーニングの数をふやして、技能労働者として社会に貢献させたい」

と意欲を燃やす。

市内には三〇カ所ほどの若者をトレーニングする場所があるが、四つは黒人街の中にある。そのひとつは女性のためのトレーニングセンターである。そのほか十八番街開発公社は、低所得者の住宅を再生させるために低い利子で資金を貸したり、住宅の修繕・法律手続きの相談にのっている。

住宅ストック（資産）の再生と居住環境の整備は、人間と社会を再生させる事業となった。ピルセン産業評議会は長いあいだ死んだも同然であったが、公社のプログラムを援助するため、五〇〇〇ドルを寄付した。事業の基本的な財源は、十八番街開発公社がシカゴ市といっしょになっておこなう各種のパフォーマンスで得られる収入でまかなわれた。国、州、市からも融資された。そこへコンチネンタル銀行などの法人や団体や個人からの寄付が加わった。いってみれば街ぐるみの人間・環境再生事業であった。

企業家が重視する民主主義のルール

二つの銀行の考えかた、それに協力する地元の企業、建築家、技術者、建設労働組合、住宅の再生にとりくむ開発公社ではたらく人びと、そしてボランティア活動の人たちに接して、わたしはアメリカン・デモクラシーの息づかいのようなものを感じた。

シカゴのあと訪れたワシントンで会ったある日本人記者にこの話をすると、彼はわたしに次のように忠告した。

「そんな話をうのみにしてはいけませんよ。彼らは自分の利益のためにやっているのです。街がさびれたら産業も駄目になる。動機は利潤ですよ」

わたしは思った。資本主義社会のもとで利潤を考えぬ企業はないだろう。だが利潤追求にも民主主義のルールというものがあるのではないか。

ファーストインターナショナル銀行の社外重役の一人であるエジソン電力会社のクローシェル地域振興部長は、わたしに、

「市内が良くなると電力が売れ会社が発展します」

といった。目先の利益を追うのでなく、まちがよくなることで利益を得るという発言に接して、こういうのを「企業デモクラシー」とでもよぶのかなと思った。

ＡＦＬ・ＣＩＯ（米国労働総同盟産別会議）に所属するシカゴ建設労働組合総評議会（大工・左官・塗装工などの組合で、日本の全国建設労働組合総連合――組合員五〇万人にあたる）会長のトーマス・

ネイダー氏を訪ねた。ネイダー氏は労働組合運動と住宅改善の活動をどのように結びつけているかを次のように話してくれた。

「アメリカでは高金利がつづき、住宅建設をはばんでいます。それが、仕事の確保を困難にしています。それで金利を下げる運動を議会にたいしてやっています」

「第二は建築基準法をちゃんと守れということを連邦政府に要求しています。また、より高い水準の住居基準をつくる。たとえばプラスチックの下水管のかわりに石の下水管をつくれば、仕事の時間が長くなり仕事がふえます。そうすれば住宅も安全になります。これは消費者の利益とむすびついています。この運動はある程度成功し、連邦政府からの高い基準を採用せよという強い圧力で、地方ではそれを採用する傾向が生まれています」

「労働者は良い仕事をしたい、良い住宅をつくりたいと願っています。それが建設労働者の誇りです。だが個人では、安全上、衛生上悪い仕事をさせられても、なかなか反対できません。組合はそれができます」

「消費者の関心は、安く買えること、安全で衛生的であること、税制・保険料率などです。組合による建築基準上昇の活動は一面でコスト増をまねき、消費者の値段を下げる運動をおさえる立場に立ってしまいますが、現状を維持する努力をしています。それを実現するためにも、市の住宅政策審議会に代表を送る、都市計画・住宅政策専門の市会議員を建設労組の代表としてえらぶなどをやっています」

デベロッパーの社会参加

日本にくらべてはるかに住宅価格の安いアメリカでも、若い世代を中心に持ち家の購入はしだいに困難になっている。

一九七〇年代、石油ショック以降のインフレーションで地価と建設費が上昇し、借家供給の必要性がクローズアップされてきた。低所得層でその必要性がつよいことはいうまでもないが、中堅サラリーマンも持ち家取得の困難のほか、遠距離の郊外に住んで車で通うよりも、都心地区に住むほうが快適で経済的だと考えるようになってきた。

都市の再生、中間層の住民のよびもどし（〝ジェントリフィケーション〟とよばれる）の背景には、そのような人びとの都心居住への渇望がある。だが、ジェントリフィケーションは住宅の修復・改善によって家賃があがり、低所得層を住めなくする。ニューヨークで会ったコロンビア大学のピーター・マルクーゼ教授（法律学者、住宅政策の講義を担当。父は著名な哲学者だったヘルベルト・マルクーゼ）は、私企業の利益中心にすすんできたアメリカの住宅政策を強い調子で批判し、都心での低所得層むけ住宅供給の必要性を強調した。

それと関連して、もうだいぶ前からだが、居住地は社会階層を固定せず、さまざまの収入、職業、年齢層が住むことのできる「ソーシャル・ミックス」がたいへん重要だ、という考えが世界的に主張されだしている。

それにたいしていまもっとも熱心にとりくんでいるのがアメリカである。

黒人、ヒスパニックなど、アメリカ社会の特徴は人種的マイノリティの存在である。彼らは一般に雇用、収入、学歴などの面から社会の底辺をなすばあいが多い。アメリカの住宅は持ち家の比率が多く（ニューヨークは借家が七～八割だが）、住宅政策はモーゲージ（融資）が中心になっている。公営住宅はわずか一％であった。数が少ないから所得の少ない黒人、少数民族があつまり、地域から差別されるばあいが多い。「パブリック・ゲットー」をつくりだし、失業、労働意欲の喪失、風紀の退廃、暴力、犯罪、麻薬等の巣窟となるばあいも少なくない。コミュニティに協力しない、近くの家の価格が下がるなどということも口実にされる。公営住宅の供給は本来、生活の基盤である住まいの改善をつうじて人間らしい暮らしの実現を支援しようとするものだが、それがこのような状態をまねいたのでは何のための住宅政策かが問われる。

これらの問題をどのように解消しつつ都心で低所得層むけの借家をふやしていくか、ということが一九七〇年代に入ってから大きな課題となってきた。そこで連邦政府はいくつかの方策を考えだした。

一つは民間借家の居住者にたいする家賃の補助制度である。低所得層が家族構成に対応した一定水準の住宅を自分で探してきて借り、家賃が収入（正確には調整後所得）の三〇％（収入の額や家族構成によって変わってくる）をこえたばあい、こえた部分を援助する。こうすれば、低所得層だけがあつまって住まなくてすむ。

第二は、民間デベロッパー、自治体、労働組合、非営利団体などが賃貸アパートを建設したり既存の住宅を再生して借家経営しようとするばあい、政府は市中金利の三分の一ほどで必要な資金を貸す。そのかわり住宅の二割は低所得者用の住宅となる。二割のうちの三〇％は平均所得の五〇％以下の収入の人、七〇％は平均所得の八〇％までの人を対象に市が入居者をえらぶ。のこりの住宅（全体の八割）は家賃の上限規制はあるが、自由に貸してよい。低所得者用住宅、自由家賃住宅などは住棟の中に分散される。固まって住まわされることはない。豪華な玄関を通ってみんなが自分の部屋に到達する。

この制度がスタートしてから低所得者用住宅は急速にふえた。事業主体は教会、仏教団体、老人福祉団体として有名なグレイ・パンサーズなどさまざまである。

この制度の発足にさいして、デベロッパーのあいだに大きな議論をよびおこした。アメリカでは長いあいだ、低所得者むけの住宅供給は公的機関がおこなうべきだと考えられてきた。しかし激しい議論のすえ、民間デベロッパーもとりくむべきだという考えに変わったのである。自由主義経済原理を最大限に尊重してきたアメリカで、市場原理では低所得層はむろん中所得層への住宅供給はできない、それにデベロッパーも協力しようという考えになったことは、注目すべきである。

その背景には政府の低利融資（開発資金の五〇％まで）を受けておこなう住宅建設の有利さという資金的な事情、将来、住宅需要が減ったときへの配慮などがある。そうであるにせよ、アメリカの企業の社会的活動への参加意識にわたしは目を見張る思いであった。

この制度は一九八九年九月末で廃止され、税の優遇制度に変わった。

ソーシャル・ミックスは成功するか

一九七七年からは土地利用の面でも「インクルージョナリ・ゾーニング」の制度が採用され、指定された地域でオフィスビルなどの建設をおこなうばあい、一定量の低所得層むけ住宅を確保することが開発許可の条件となった。「リンケージ」と称される制度は、低所得層むけ住宅のほかに学校などを併設する義務を課す。公共施設をもうけたばあい、建物容積のボーナスがみとめられる。

こうした新しい住宅政策が次々とうちだされている。それによって、都心での低所得層むけ住宅供給やソーシャル・ミックスの実現をめざしている。

その可能性や効果はどうであろうか。

アメリカでは白人の居住区に黒人が入ってくると、白人は出ていくといわれる。しかし波部玲子南カリフォルニア大学助教授によると、これまでの経験では人種のミックスは比較的やさしい。人種が違っても、収入が一定の水準を持ちかつ同程度であれば偏見は生じない。しかし異なった収入階層の人たちをミックスすることには、問題が多く、困難がつきまとうという。

それはどういうことなのだろうか。

アメリカでは土地利用の用途区分がきわめて詳細で規制が厳しい。たとえばロスアンゼルス市のばあい、用途地域は四五（日本は一二）、住居地域だけでも二三に分かれている。そしていちばん規制のゆるやかな集合住居地域でも、建築できるのは住宅以外に教会、コミュニティ・センター、診療所・病院・学校だけである。（五七頁表1参照）

そうしたアメリカでの用途規制の厳しさを、専門家はエクスクルージョナリ・ゾーニング（排他的用途地域別）とよんでいる。そしてアメリカ人がこのような地域制をとるのは、用途の混在によって財産価値が下がるのを防ぐためと日本の都市計画学者などは見ている。しかし、それは皮相的なものの見方というのが波部さんの意見である。

住宅地の最低敷地面積、建物の高さ、住宅の形式（一戸建てか集合住宅か）などを厳しく規制することは、それが住環境の形成にとって必要であるというだけでなく、そういう住宅地に住む人びとに共通した価値観や生活様式を支える居住環境づくりに役だっている。一般論として生活時間やライフスタイルのあわない人が隣に来たのでは住みにくくなる。ライフスタイルの調和は環境の質を守るための不可欠の条件、という認識なのである。だから、価値観や生活様式を共有できれば黒人でも排除しない。生活様式の異なる人びとは、人種問題とはかかわりなく分かれて住むことが容認されてもよいのではないか、という意見がこれまでのところ専門家たちのあいだに強い。

それにもかかわらず、ソーシャル・ミックスをすすめていかねばならない、というのが前述の住宅政策の考えである。

低所得層が上の階層といっしょのアパートに住むことによって生活態度、生活様式が変わる。スキーを教わったりもする。それのうまくいっているところも多い。だがそれには一つの条件がある。階層があまり大きくはなれていないこと、入居にさいしては市当局が応募者にインタビューしたり、現在の家での住み方を調べにいくなど、可能な限り考慮する。

ともあれ、アメリカ社会はいま懸命に社会階層の融合に努力をはらっているのである。

第二章　不動産会社が寄付したドヤ街女性センター

スキッドロウ（ドヤ街）地区はロスアンゼルス中心部の一角にある。通りから見る建物の表情は痛々しい。汚れ傷ついている。失業者が多い。通りでは昼間から黒人がたむろして酒を飲んでいる。そこに大手不動産会社が中心となって女性厚生施設を寄付した。これはその物語である。

ホームレスを救う不動産会社

ダウンタウン・ウィメンズセンターは、非営利の慈善団体として一九七八年に設立された。センターは昼間、休日を含んで毎日開いており、スキッドロウの老人や、多くが慢性的な精神障害を持つ女性たちのためのサービス活動をしている。サービスは食事、衣服の交換、精神病の治療、グループ療法、シャワー、トイレ、美容室、郵便物の宛名書きサービス、法律相談、社会活動など、社会の習慣をともに学びコミュニティの一員になろうとしてあつまる女性たちに、安全と清潔と快適な環境をあたえている。毎日、センターを利用する五〇人から六〇人の女性たちは、危険なスキッドロウ・ホテル、路上、オールナイト映画館の中に「住んで」いる。

センターでのサービスが成功裡にすすんでいった八年後の八六年、ダウンタウン・ウィメンズセンターは、スキッドロウの女性たちに非営利の居住施設を提供することを決めた。センターに隣接する南ロスアンゼルス三三三番街に、三階建て、約四〇〇平方メートルの建物を買いとり、修理し、四八室のホテルにした。

ホテルは一九八六年五月に完成した。居室と共用の台所、食堂、バスルームと談話室がある。案内書によると、「建物は、品格と自治、および彼女らがかつて味わったことのない楽しい家庭的雰囲気を提供することを意図している」とある。

ロスアンゼルス・スキッドロウのダウンタウン・ウィメンズセンター

主な部屋は間接照明、吸音板の天井、クロス貼り。廊下には談話室の窓をとおして自然光がさしこんでいる。センターは、スキッドロウ地区や他の低収入の人びとの住む近隣居住区で、同じようなセンターが開設されるのを勇気づけるきっかけになることを意図しているともいう。

さてこのホテルは、個人、法人、財団の募金によって設立された。寄付は一人一〇ドルの個人から五〇〇の法人による一五万ドルまでである。公的資金はいっさい使われておらず、ロスアンゼルス市のCRA（コミュニティ再開発庁・その活動は後述する）からの融資だけがこれらの私的資金にテコ入れするものとして使われた。CRAがプロジェクトを保障し、プライベート・セクターがプロジェクトに基金を提供するレールを敷くためであった。

さて、この施設建設の中心となったのは、デベロッパーの社長であるウェイン・ラトコビッチ氏である。日本の大手不動産会社が山谷や釜ケ崎のホームレスの人びとのために居住施設を寄付したと考えればよい。費用は全体で一三〇万ドルかかった。

建設にさいして、建設業者は利益を少なくする一方で質のたかい労働力を提供した。暖房、換気、エアコン業者は、プロジェクトを支援するために、それぞれ単独で一万二〇〇〇ドル以上を寄付した。地域の労働組合は、職業訓練生たちをボランタリーとして派遣した。建築家は設計を無料で奉仕し、彼のスタッフは安い賃金ではたらいた。設計にたずさわった女流建築家レビンさんは、ニューヨーク大学のグラフィック・デザイン学科を卒業した後ハーバード大学の修士コースで建築学を学んだ人である。

ホテルは一日二四時間、一週七日の援助を提供するために、住み込みの支配人と一〇人のレギュラー・ボランティアで運営されている。家賃は月額一三五ドルから一五五ドル。この額は危険でネズミが走りまわるスキッドロウ・ホテルの二五五ドルよりはるかに安い。

スキッドロウの人びとの安全な住まいとして、企業、個人、専門家の協力でつくられたこの居住施設は、全国の社会から無視されている人びと——家がなく慢性的精神疾患にかかっている女性のための、社会的、精神的健康サービスと住居の提供をむすびつける最初のモデルになった。全国各地からのプロジェクト見学がたえない。同種のプロジェクトは、サンタナ、フレズノ、カリフォルニア全域にひろがり、マジソン、ウィスコンシン、セントルイス、ミズーリ、ワシントンDC、ミネアポリス、ミネソタから数多くの質問がとどいている。

この施設の建設は、居住者にたいする教育の効果もあげている。障害者で五五歳の女性デロワさんは「まるで家庭に帰ってきたような素晴らしいところですわ」と語っている。

別の日、わたしは低家賃住宅の供給にとりくんでいる市内のノンプロフィット・オーガナイゼーション（非常利団体）の本部を訪ねた。わたしは質問した。

——どうして企業はそんなに寄付するのですか。

事務所長の可憐な女性アニタ・ランデックさんはこう答えた。

「一つは良心的な企業がたくさんあるということ、第二は連邦政府が銀行や企業にたいして寄付を義務づけていること。それに反したばあい、たとえば寄付をしていないサンタモニカ銀行が他の銀行を買収しようとしたとき、連邦政府はそれを認めませんでした。

企業は多方面にわたります。シアトルのボーイング社は二五〇〇〇ドルを寄付しました。財団は銀行、大企業の社会活動のひとつになっているのです。ロスアンゼルス市長は社長や重役を朝食会にまねき、会社に寄付を要請しています。これは一種の圧力です」

俳優の寄付も活発である。ポール・ニューマンは、自分の名をつけたサラダ・ドレッシングを製造販売している。「ニューマンズオウン」という商品名の瓶のラベルには〝この商品から得られた利益のすべては慈善事業に寄付される〟と書いてある。

草の根の住宅建設運動

ロスアンゼルス・ネイバーフッド・ハウジング・サービスは、企業から住宅資金をあつめている。

たとえば一九八五年度にはロスアンゼルス市が五〇万ドル、CRAが二〇万ドル、トランス・アメリカン保険会社が一万六〇〇〇ドル、石油会社が二万五〇〇〇ドル、タイムズが一万五〇〇〇ドルを出した。住民が近隣住宅改善非営利会社をつくって住宅改善にとりくむと、その資金源としてこの金を貸すのである。返済の期限はとくにない。支払能力と相談し二〇年、二五年と決めるが、返せないばあいはまたのばす。民間からは五年間に六二万二〇〇〇ドルが寄付され、四つの近隣住宅改善公社ができた。「カリフォルニア基金」はそのマネージメントをしている。非営利のデベロッパーには、近隣住宅公社のほか、労働組合団体、老人団体、大学、ソーシャル・サービスセンター、難民センターなどがある。

企業の寄付は全国的規模でおこなわれている。大規模で組織的なものとしてはフォード財団がある。一九八〇年、住宅改善のために寄付する基金をつくり、ニューヨークに本拠、サンフランシスコ、ロスアンゼルス、ボストン、シカゴ、ワシントンＤＣ、クリーヴランド、マイアミの七カ所に支社をもうけた。

それによって、八八年までに五〇〇〇棟の住宅改善を実施した。

サンタモニカの空に映える低家賃住宅

灼熱の太陽が照りつける七月、わたしはカリフォルニア州サンタモニカ五番街、六番街およびバークレイ・ストリートにある小規模な三つの住宅プロジェクトを訪れた。いずれも低家賃住宅供給を目的とした一九八三年のサンタモニカ市条例にもとづき、市議会によって設立された非営利のコミュニティ・コーポレーションによるもので、この三つはその最初の企画であった。すでに二四〇戸が完成し、二三〇戸が建設中である。

その一つオーシャン・パークの海岸近くに建つ五番街プロジェクトは、白亜の壁にブルー、橙など色とりどりのバルコニーが、カリフォルニアの紺碧の空に映えていた。二棟の二階建てアパートは八戸の低所得者用と四戸の中所得者用賃貸住宅からなっている。これらの住宅が低所得者用賃貸住宅とはだれも気づくまい。一階の二戸は高齢者用。

このプロジェクトは、地域の住民が、あらたに選出された市議会にたいし、低所得者むけ住宅を供給するコミュニティ・コーポレーションの設立をはたらきかけることからはじまった。コーポレーションは設立されたものの、この地域は高級住宅地として急速に開発されている場所である。住民のなかには低所得者用住宅が建つのを好まない人たちもいた。両者を調和させるために、二人の建築家ハンク・コーニングとジュリー・アイゼンバーグが登用された。コーポレーションの役員であるマイク・アルウィドレ氏は、

「新しい建設がすすんでいるとき、周辺の人たちが〝あれが本当に低家賃住宅なの〟というような支持が必要だった」

といっている。

五番街をはじめ三つのプロジェクトは、

「近隣の地域性をまもり、入居者がアパートの内部・外部

カリフォルニア・サンタモニカの低家賃住宅

に手を加える自由をあたえ、地域社会に何かを還元し、低価格住宅のためにつづけられている努力に具体的なかたちをあたえるという、社会的で地域にそくした建築として、地域固有の問題を解決する以上のことをおこなった」

と評価されている。そしていずれも一九八七年プログレッシブ・アーキテクチャー賞の一等賞を受けた。

低価格住宅の供給

アメリカの住宅運動組織や非営利の住宅供給団体を訪問すると、つねにといってよいほどMITやハーバードやカリフォルニア大学といった有名大学を出た学生が、建築家やプランナーとしてはたらいているのに出会う。シカゴのヒスパニック街の住宅修復事業現場ではたらいていた建築家はハーバードの出身であったし、ロスアンゼルスの黒人住宅運動団体「WATTS」ではたらいている白人の女性マネージャーはカリフォルニア大バークレー校出であった。エリートになるほど、こうした住民組織のなかでなかばボランティア的にはたらく人が多い。またこういう場所での労働経験が将来教育研究分野でポストを得るさい大きく評価されるという。理由は何であれ、この人たちと話をしていると心が温まる。

ボストンでは、都市の内部にとり残された空き地を利用することから大規模開発にいたるまで、

ロス黒人住宅団体 Watts の事務所で（中央筆者）

あらゆるレベルでの低価格の住宅を供給する課題が追求されている。既存の居住地と調和する独立家屋やテラスハウスなど、さまざまの住宅形式と所得階層を混在させながら住宅を供給することがここでの目標である。

レンガがボストンの主な建築材料であるとするなら、レンガ工と建設労働組合は値段の安い住宅をつくるこの土地のヒーローである。レンガ工組合副委員長トーマス・マッキンタイル氏は、政治手腕を発揮して、ミッション・ヒル地域の人びとが公園のかわりに低価格の住宅を受け入れるよう説得した。また市にたいしては水道・電気・ガスなどの公共施設基盤に金を出すよう説きふせた。レンガ職工と建設労働組合は組合の銀行から低利の建設資金を借入れ、四九戸を低価格（六九五〇〇—八七五〇〇ドル）、五七戸を中程度（八九五〇〇—一〇七五〇〇ドル）、五九戸を市場価格（一二〇〇〇—一四三〇〇〇ドル）で供給し、各所得階層が混在して住む一六五戸のタウンハウスをつくりあげた。

ニューヨークの都市開発公社の事業に参加してきたザ・リープマン・メンディング・パートナーシップ社は、仕事の九〇％が低価格住宅である。ブロンクスにある二つの家族むけ住宅開発は、マンハッタンやブルックリンで家を得られない人びとを対象にしている。ケネディ空港に近い低所得者向け賃貸住宅プロジェクト、スプリング・クリークは、従来のマンハッタン地区での高層低所得者むけ住宅に対するアンチテーゼとして、低層で一階は最大八戸、安全な半共有のスペースをかこんでいる。この七六五戸は年収一万五〇〇〇ドルから二万ドルの労働者に月二八〇〜四〇〇ドルで貸している。

ニューヨークのブルックリンでは、ホームレスの人びとを収容すると同時に、彼らを社会の本流に復帰させるためのシェルター（避難所的居住施設）がつくられた。三階建て、一二〇〇戸、八〇〇人の収容力のある住居とコミュニティ・センターからなっているこの建物は、市が非営利団体「ヘルプ」に土地を寄付し、建築業者は原価で仕事し、建築家は無料奉仕し、州の住宅財務局が発行した免税の債権で資金をまかなった。

赤十字が運営しているコミュニティ・センターでは、ほとんどが母子家庭である居住者の自立する努力をたすけ、入居者の子どもたちへのデイ・ケア・プログラムや一七人の職員によるカウンセリングをおこなっている。設計に協力したロバートソン・パートナー社のアレックス・クーパー氏は「実際、このようなことはいままでだれもやったことがない」という。

カリフォルニア州オークランドの二つのプロジェクトは、一九四〇年代の建物の中身を入れかえ、高齢者と一般家庭のまざった一四〇戸の集合住宅として設計しなおしたものである。資金は、メルノ・パーク市および市の協力しあっている非営利の開発会社によって調達された。その一つ、クレイバーハウスはサンフランシスコ・カソリック・チャリティーによって資金が保証され、エイズ患者三三人が収容されている。

草の根の団体「ホーム」(雇用を求める住宅建設労働者組織)の一部であるメーン州ハンコック郡コベント・コミュニティ土地トラストは、六六〇エーカーの土地に郡の低所得者のための家を建てた。「ホーム」は一九七〇年に職人の協同組合として発足し、その活動プログラムは高齢者のための緊急収容施設やアパートの建設・運営をふくむまでになっている。「ホーム」はまた、識字教育センターや成人教育プログラムを運営しており、ウッドストーブ地区の計画では土地の木材を高齢者や身体障害者に提供している。二万五〇〇〇ドルの三寝室住宅は、ホームレスの人びとに家を提供するため、ボランティアと救援資材でトラストの土地に建てられた住宅である。

ホームレスのために

ホームレスの人たちにとって緊急に必要なのはシェルターである。アトランタでは建築学生たちの手でホームレスの人びとのための小屋がつくられた。

グループ「マッドハウザー」は、アトランタ・ジョージア・テックにある建築大学の卒業生により構成されている。一九八七年二月以来、彼らは街や施設で出会った入居者となるべきホームレスの人たちと協力して、拾いあつめられてきた材料で掘っ立小屋をつくりつづけてきた。これらの小屋は、はなれた農地とか、街の中の空き地に建てられた。しかも土地所有者の許可を得ずに建てられており、建築基準法にもあっていない。この非合法性が理由で、これらの小屋は現場以外のところで壁、屋根、床がくみたてられ、現場にはこんできて急いで建てられた。

不法占拠者たちはテレビネットワークに出されるなど、マスコミの関心を大いにあつめた。マッドハウザーのすべての人たちがこのような世間の評判を適当と考えているとは限らないが、マスコミにとりあげられたことで、作業のための倉庫や小屋を建てる土地、材料を含めて寄付があった。その結果、建設費は一つの小屋あたり二〇〇ドルから四〇ドルに下がり、アトランタ市も不評をおそれて建築基準法違反にかかわらずじっと我慢している。

小屋は粗末なものだが、ホームレスの人びとに安定した環境をあたえ、そこからより恒常的な仕事やより良い住まいに移っていったものもいる。マッドハウザーたちは卒業論文などをつうじて、新しい、より一般的な小屋を検討している。各小屋は村落のように配置され、電気、ガスなどのサービスを受ける（最初の小屋は電気、ガス、水道はない）。民間人は土地を寄贈し、ホームレスの人びとのためのバンガローを建てる計画がすすんでいる。市はこれまでこれらのプロジェクトをみとめてこなかったが、その後検討している。

マサチューセッツ・ロウエルにおける、「より良い一エーカーのための連合」の活動家たちは、日常のデイ・ケア・ホームから、問題をかかえている賃貸住宅を住宅都市開発省が競売で売りはらうのを阻止する訴訟にいたるまで、幅ひろい活動をおこなっている。

マサチューセッツ州デュカキス知事は、このような散在する土地に低所得者むけの住宅を建設したり、既存の住宅を再生する事業を大いに支持している。

住宅問題にとりくむ建築家たち

いったいこうした地域社会での住宅供給へのとりくみと、それに協力する建築家たちの背景には何があるのだろうか。

一九八八年五月に聞かれたＡＩＡ（アメリカ建築家協会）の大会で、チャールス・シューマー・ニューヨーク代表はこう発言した。

「一九九〇年代は住宅危機の時代になるだろう。その条件は速やかにやってきているのだが、われわれにはまだ何も見えていない」

ＡＩＡのような組織化された機関による「シェルター」のための研究をとおして、また個人的な使命感によって、建築家たちは個々の住宅問題にたいする具体的な最善の解決策を見いだし、問題に対処しようとしている。

「それは、前衛的でないかもしれないし、リスクの大きい仕事かもしれない。しかし、われわれは現状を見すごしているわけにはいかないのだ」

と、ニューヨークの建築家スティーブン・ピーターソンは述べている。

アメリカの建築家たちのこのような主張はこれまでこんなに大きくなかった。

一九八七年から八八年にかけて、全国住宅特別委員会、全国低収入住宅連合、ハーバード大学住宅調査ジョイントセンター、飢えとホームレスをなくす88選挙キャンペーン、全国住宅保全特別委員会などが次々と生まれ、そこから出された報告はほとんど同じことを指摘している。

多くの住宅専門家のあいだで比較的穏健に問題の政治的評価をおこなうとされている全国住宅特別委員会の八八年三月のレポートは、次のように報告している。

「全米で一〇〇万の家庭が公共住宅の入居を待機中で、四五〇万家庭が家賃補助を受ける資格があるにもかかわらず援助を受けていない。戦後初めて持ち家率が低下した。とくに若年家庭でいちじるしい。さらに推定数が三五万から三〇〇万とばらつきがあるが、このところホームレスの問題が大きな論争のテーマとなってきた。ホームレス人口は、単純に住宅市場から除外されている子どものある家庭を含めると、施設に収容されていない精神異常や薬物常習者の数をはるかにこえてしまっている。六〇〇万家庭が家賃に収入の半分以上を支払い、その負担は単親家庭にもっとも重くのしかかっている」

ハーバード大学の研究によると、全米で四五〇万の持ち家所有者と五〇〇万の借家居住者が、都心と郊外に集中して水準以下の住居に住んでいる。民間所有の家賃援助住宅に住んでいる三〇〇万家族は、この数年で家賃援助がなくなれば、家をうしなうこともありうるという。

さて、とアメリカの建築家たちは考える。建築家はこのようなぞっとする統計的数字に対処できないかもしれないが、選挙権を持つ人間として、

「適当な人を選挙で選ぶこと以上に、われわれができることはもっとある。自らのなかに新しい思考と行動様式をみちびきいれていくことだ」

「この種のものに多くの建築家はかかわりを持とうとしない」

と、「ハビタット・フォー・ヒューマニティ」のミラード・フラー氏はＡＩＡ大会で聴衆にうったえた。

「それでは食っていけない」という反論にたいしては、そうとは限らないという意見もある。むしろ「使命感をおびた職業人であれボランティアであれ、意外な報酬を見いだせるものである。なぜなら、低所得者むけの住宅をつくる分野は保守的なマーケット戦略によって追求されていないので、建築家に、より多くの機会を実際にあたえることができる」と。

そういう建築家ウイリアム・ロウン氏は、彼自身ボストンの二つの団体によって設立された非

営利法人のために、合計三〇〇戸以上におよぶ三つのプロジェクトを設計している。

非営利団体は、アメリカにおける住宅建設の最後の、そして最善の〝希望〟としてひろく受けとめられるようになってきた。連邦政府も、住宅建設に利用できる少ない財源にテコ入れしようと努力し、各地域の関係機関と協力して活躍しているこれらの各グループにたよってきたのである。

MITの二〇人以上の学者と住宅専門家を含む大研究プログラム「住宅政策プロジェクト」をはじめ、多様な家族層のための住宅建設の新しい方法を模索している大ボストン不動産局主催のコンテストなど、この問題にたいする関心は、おびただしい研究論文や報告書や提案のかたちで示された。このテーマにかんする会議も盛んになってきた。たとえば一九八八年一一月、全米ホームビルダーズ協会傘下の五〇以上の連合組合は、ワシントンで二日間にわたってホームレスのシンポジウムを開催した。そしてあたかもその問題の永続性を証明しているかのように、モントリオールのマクギル大学は「人間に必要な住宅建築学修士コース」を設けた。

アメリカの建築雑誌『プログレッシブ・アーキテクチャー』の編集者は、これらの建築家の活動の意義をこう評価している。

「建築家が社会的な問題に対処していける専門技術は、ほかならぬこの住宅分野においてである。デザインとは、建物の外観やロビーをきれいに飾るというようなことにあるのではなく、人びとが、いかに、どこに住み、どのようにして食べ、眠り、互いにつきあうか、というもっとも基本的なレベルにおいて、その違いを生みだすのである」

第三章　まちづくりは住民合意で

開発に必要な住民の合意

中年の肥ったおばさんがたくましい腕をふりかざしてまくしたてている。法廷ふうにしつらえられた大きな部屋の正面には、行政側の委員が七人座っている。日系人の顔もみえる。左端には星条旗が、その横には現地のようすを説明するときのためにスライドのプロジェクターとスクリーンがすえつけてある。中央の壁には市内の地図がかかっている。傍聴席には一四、五人の市民が座っている。

ここは、ロスアンゼルス市役所の中の一室で、いま業者が申請してきた宅地造成と住宅建設についての公聴会が開かれているのである。

この日は三つの議題が用意されていた。

第一議題

この業者は二戸の独立住宅をこわして二四戸のコンドミニアム（マンション）を建てたいと申請してきた。

市は許可にさいして、周辺環境にたいする影響を検討して、たくさんの条件をつける。申請を受けとり検討をするのは都市計画局で、都市計画、公園施設、土木、交通、下水道、街灯、警察、消防の各部局に案をおくり、意見をもとめる。そのあとで、申請者と住民および権利者の意見を聞く。ロスアンゼルス市の法律では、建設許可を得るには、建設予定敷地の四隅から三〇〇フィート（約九〇メートル）以内に住む住民および権利者の合意をえなければならない。そのために開発・建築計画を関係者に知らせ、日刊紙で告知しなければならない。計画に意見のある住民は公聴会に出て自分たちの意見をのべる。反対がなくても公聴会は開かれる。そのさい、関係部局の委員が出席して、申請者、関係利害者の意見を聴取する。いま、その公聴会が開かれているのである。

ロスアンゼルス市都市計画公聴会の風景

最初に都市計画局が原案を説明し、各部局の代表がそれにたいして意見をのべる。申請者も計画案の重点や意図を説明する。

おばさんは近隣住民の一人として、それに注文をつけているのであった。

おばさん　――二四戸の住宅にパーキングが二〇しかない。これではいつか何か問題が起こる。近所にも影響する。住宅を減らして駐車場をふやしなさい。

業者の代理人――事前に分析したところ売れゆきが悪そうなので四戸は全体のレクリエーションルームにするつもりだ。それで住宅は二〇戸になる。四戸分は人が住まないから駐車場は要らない。

おばさん　――いまは要らないかもしれないが、あとで人が住むようになったら必要になる。反対だ。

（行政側の委員たちが協議する。申請者にたいして全体を二〇戸に減らすように勧告する。申請者も納得して二〇戸にすることにその場で決定）。

トイレに行くため廊下に出ると、さきほどのおばさんが業者にさらに注文をつけていた。

つづいて第二議題

新しい敷地に二二戸の単身者用アパートを建てる計画について。（行政側の説明のあと）

主婦　――この地域は田園地帯で、こんなのが建ったら人口密度が高くなって困ります。

行政　――ゾーニング（用途地域）にあっています。ゾーニングをこの段階で変えることはありません。

他の住民　――わたしが買ったのは広い敷地です。（敷地の地図を示しながら）ほかの人もみな同じ意見です。業者が以前に説明したのと、ここでの話は違います。そんな情報はもらっていません。住民で今夜あつまりたいから公聴会はのばしてください。

建設業者　――説明書はわたししているはずです。

行政　――（相談して）それでは一カ月先にやることに決定します。

第三議題

はじまる直前に住民がどかどかと入ってくる。女性が多い。

当初のアパート二二八九戸の建設計画を一部オフィスに変える案について。

行政　――法律により、新しい住宅地を開発するさいは増加する住宅戸数に見あった公園用地または公園設置の資金を地方自治体に提出する義務があるのはご存じですね。

業者　――よく知っています。

住民　――二〇世紀フォックス社の本社もつくるという説明だが、土地購入のさいオフィスにしないという合意が住民とのあいだにあったはずだ。住宅地を大幅に減らすのはよくない。オフィスができたら交通量はふえる……。

まちづくりの主体は住民

開発や建設許可の条件をめぐって、住民、行政、開発者のあいだで意見交換がおこなわれている。右の議論はむろんそのごく一部にすぎない。

この公聴会には住民だけでなくだれでも出席でき、意見をのべることができる。環境団体がやってくることもある。ここでまとまった意見は議会の都市計画環境委員会へ原案として提出され、決議される。その後形式的に議会で承認される。

なぜ住民からの意見聴取を不可欠とするのか。なぜたんに形式的なものとしてでなく実質的にその意見をとりいれるのか。市の担当者に聞いてみた。

「町をつくってきたのは住民です。その人びとの意見を無視してどんな開発もみとめるべきではありません。同時に住民の意見には、許可する立場にある市の職員にとって開発をコントロールするうえで気のつかないことがたくさん含まれています。市が開発を規制しようとするさい、住民の意見は業者への牽制になるのです。住民の意見に耳を傾けることは、環境を守りよい町をつくることにつながります」

ロスアンゼルス市では、住宅地開発によって必要となる公共施設のための土地、それにかかわる資金すべては、開発業者の負担となっている。

道路その他公共施設の不十分な住宅地開発は公共の安全、衛生、道徳を害する。商品となる住宅やビルだけをつくって利潤を追求してはいけない、という考えからで、それを防止する手段として今日では多くの自治体にとりいれられ、開発業者に義務づけられている。その交渉過程は住民に公開しなければならず、密室の闇とりひきは許されない。開発業者も良い環境を維持するためには規制にしたがうべきだ、という自覚をもっている。

アメリカでヒヤリングしたデベロッパーはどこでも、われわれは良い環境を保全し住民のためになる開発をしているのだと誇りをもって話していた。だが、こうして自治体が権限をひろく行使できる背景には、それを支える住民の意識と開発業者の自覚があるのだろう。この公聴会に出席して、それがしみじみとわかるような気がした。

ロスアンゼルス市がまちづくりに関連してとりくむさいの「参加」は、開発にさいしてだけではない。

市は、ロスアンゼルス市全体のマスタープランを持ち、都市の将来を展望しながら土地利用計画を定める。企業や個人によって提案された開発計画と土地利用はすべて市によってチェックされ、それに合っていなければ許可されない。それとともに、たとえばコミュニティ・リデベロップメント・エイジェンシイ（コミュニティ再開発庁・CRA）の活動が大きな役割をはたしている。

CRAの仕事の中心は、街の中心部のさびれた地域を再生させること、街の歴史的建造物を保全すること、新しい住宅をつくり住民と雇用をふやすことなどである。その進めかたがまたきわめてアメリカ的で民主的、合理的である。

特徴は文字どおりの官民共同といってよいであろう。

市議会議員がそれぞれの地域を代表して、自分たちの地域はここが問題だから検討してくれ、と提起する。持ちこまれた問題は専門家（都市計画プランナー、建築家、経済学者など）が調査し、何ができるかをまず報告する。専門家は約二〇〇人いる。そこで市議会が最初の決定をする。その後具体的な計画に入り、再開発プランの趣旨に合っているかどうかなどを評価し、最終案をみとめるかみとめないかにすすんでいく。

開発利益を吸収する

ユニークな官民共同のやりかたである。たいてい市と民間デベロッパーが半々ぐらいで、高密度なオフィスビルを建てたり商業開発などをおこなう。できあがると信用のある企業を誘致して地区再生の拠点にする。その結果、いままで安かった土地の値段と不動産価値が飛躍的にあがる。

それにたいして高い税金がかけられる。本来なら市にはいる税金だが、ここではこの再開発庁が受けとり、つぎの開発資金にしていく。

ロスアンゼルス市の南部にさびれた場所があった。二五のブロック（街区）にわたる広い地域である。一九五九年、ここは二四五〇万ドルの不動産価値だったのが、再開発によって七億二八六〇万ドルになった。それにたいし毎年、税金だけでも七四三〇万ドル徴収する。それが再開発庁の財源になる。そのお金で低所得者用の住宅や職業訓練施設をつくる。生活道路を整備する。ふつう市の都市計画予算は一年間で七五〇万ドル（一九八七年度）だが、このコミュニティ再開発庁の予算は一億五〇〇〇万ドルで、大きな違いがある。

デコレーションケーキのような
白亜のロスアンゼルス市役所

ロスアンゼルス市のコミュニティ再開発庁はすでに一五、六の再開発地区を持っていて、毎年何億ドルという税金がはいってくる。そのお金を低家賃住宅などの公共のために使っている。カリフォルニア州法は、この方式によって得られた収入の二〇％は、低家賃住宅のほか国民が買いやすい住宅を建てることなどに使わなければならない、と決めている。コミュニティ再開発庁はそれを実践しているのである。

コミュニティ再開発庁はまた、年間最低一〇〇〇戸の住宅を建てている。そのうち三分の二は低所得者むけである。そのほか路上のホームレスの人たちに仮宿泊所をつくって保護したり、職業を世話する。そういう社会的援助のための資金もコミュニティ再開発庁がもうけたお金から出す。

そのようにしてつくられたひとつの例が「スキッドロウ開発協同組合」である。協同組合の設立にあたって、再開発庁は九万五〇〇〇ドルの資金を提供し、オフィスビル、ホテルを建てた。掃除人やホテルのボーイやクリーニングのおばさん、ウェイトレスなど、あまり技術を持たない人でもできるような仕事をつくり、ドヤ街に住んでいる職のない人びとにたいして、民間デベロッパーや専門家が協力して不動産経営のノウハウを教えた。

民間資本、あるいはデベロッパーの活動を活かすいっぽうで、自治体がそれを援助しコントロールし社会的事業にくみいれていく。見方を変えれば、ヨーロッパ的福祉国家でのこれまでのやりかたとは違った、アメリカ資本主義が社会的公正を実現するための社会をあげての努力である。同時にこれが限界なのかなとも思う。

開発は環境と調和させる

コミュニティ再開発庁のおこなう事業のなかにも市民の諮問機関がある。直接市民から選ばれた人たちと再開発庁の専門家から構成されていて、プロジェクトごとにチームをくんでチェックする。専門家は専門家の眼で、市民は、自分たちの生活に直接関係することであるから、迷惑がかかるとか環境が悪化するとかいった市民の眼で見た意見をのべる。そして両者で相談し計画を修正する。こうして決まった計画案にたいしてなお問題があれば、コミュニティ計画団体をつくって反対運動を起こすことができる。これは弱い存在であるにかかわらず非常に広範な影響力を持っているという。そして、公聴会を聞いて合意に達するまで議論する。

自治体は、市の計画に添わず、公共施設費用を負担しないデベロッパーに開発権をあたえることは絶対にない。また住民の合意なしに開発は許可されない。だが、許可された開発は最後までやらせるという地域住民の合意と公共機関からのいわば御墨付をもらう。そのために時間がかかっても、途中で開発反対の住宅運動が起こるなどして遅れたり中止になってしまうよりははるかによい、とデベロッパーも考えている。

あるときマスタープランの用途地域よりも実際の密度（容積率）が高くなっていることがわかった。デベロッパーは建築の密度を高くすればするほどもうかる。だがそれでは交通混雑もふえる。それを見た市民団体は反対運動を起こし、最終的に裁判に持ちこんで、勝った。

ロスアンゼルス市のコミュニティ再開発庁がいま大きな関心を持って検討しているのは、宅地開発や住宅建設にさいして、生活環境の質をもっと良くするにはどうしたらよいか、新しい建築を現在のコミュニティや街並みとどう調和させるか、その開発や建設によってむしろ地域の風格が向上するためにはどうすればよいか、住宅地・非住宅地をとわず歴史的環境や既存の都市の骨組みを守り近隣住区を守ること、高い質の敷地の計画、建築、景観、芸術をどう創りあげるか、といったことである。**図1**はその例である。

二〇世紀にはいってからの建築は個々の個性を競いあい数々のスター建築家を輩出させた。だがその建築の集団は必ずしも良い街並みや居住環境をつくらなかった。景観だけでなく、なかに住む人間の生活を考えなかった。有名な建築家ミノル・ヤマサキが建てた公営住宅のひとつプルーイットイゴーは悪名高きプロジェクトとなった。一二〇〇戸ほどの高層住宅に黒人や低所得者をおしこめた。できた当時、建築家協会や建築雑誌は名建築としてほめたたえた。ところが五年もたたないうちにスラムよりもひどい場所になってしまった。半数以上の人が二年以内に去り、五年後にはもうだいぶこわされ、とりこわすだけでも莫大な資金が必要であった。

これは建築家だけの責任ではないが、これまであまりにも建築は人間の住む場所ということを考えてこなかった。安全であること、犯罪から身をまもる、子どもを遊ばせるときお母さんが窓の外からよく見える、隣人とのつきあい、維持管理などなど、そうした生活や心理学的な面を無視して、建築的、物理的に問題の解決をはかろうとしてきた。むろんその背後には空間の高度利

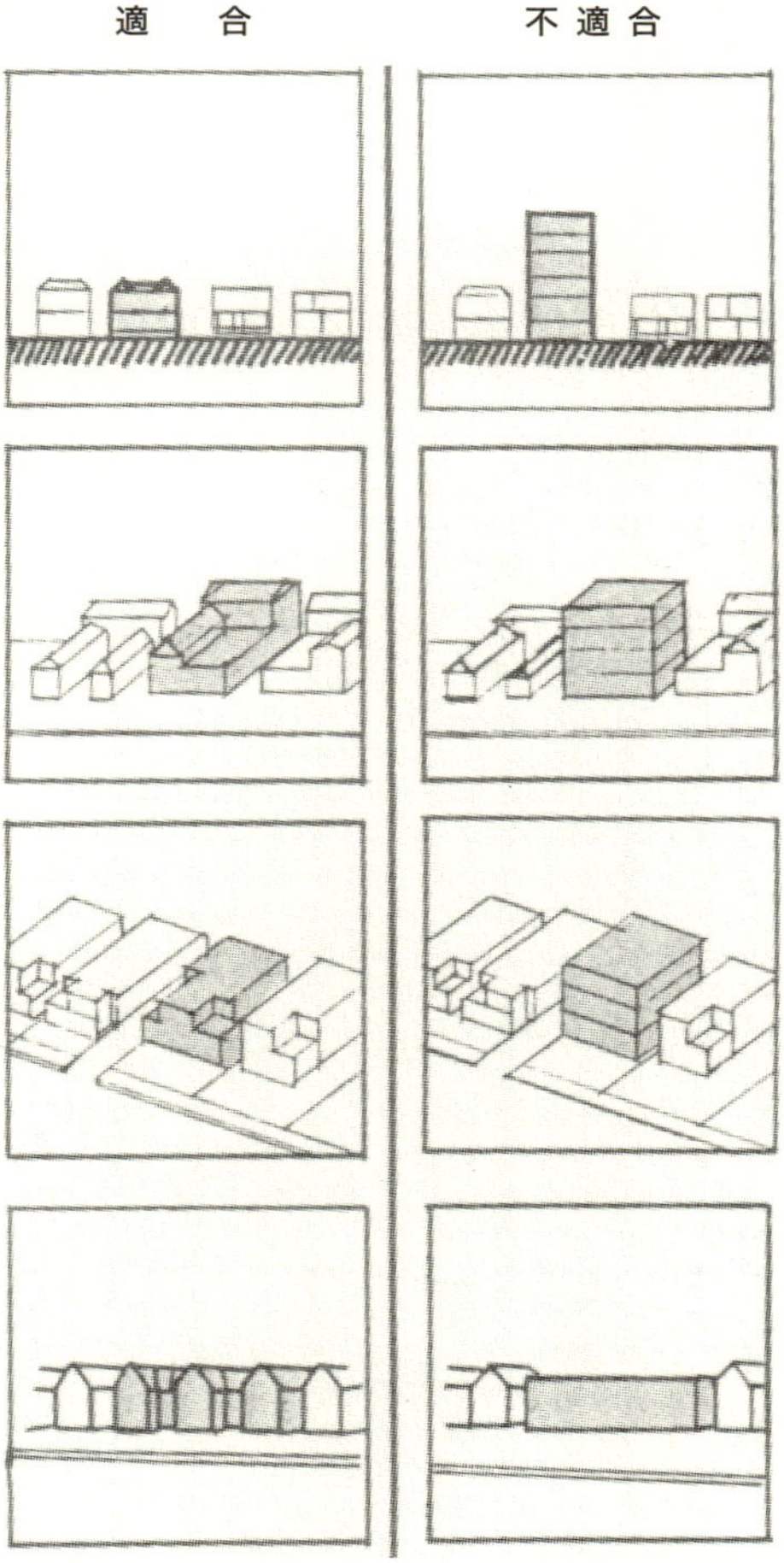

高さの配慮
新しい建物の高さは、隣接した建物の高さにそろえる。地域の田他の建物の高さから大きく違わないこと。

スケール
新しい建物サイズ、容積は、近隣地区に合わせ、地域の現存の建物の幅やスケール、大きさとの調和を破らない。

形　態
バラエティのある地区に箱のよう建物をつくらない。むしろ、近隣地区がその新しい建物によってさらに良くなるようにする。

建物正面の表現
新しい建物の正面は近隣する建物の表現と調和させる。

図１　ロスアンゼル市コミュニティ再開発庁
ＣＲＡによる建物の周辺環境調和指針

用というアメリカ大都市の要請もあったが、「住宅を供給するとはどういうことなのか」が深く追求されず、建築や居住環境の形成にさいして深い配慮がはらわれなかった。コミュニティ再開発庁の指針はそれをとりもどし、ロスアンゼルス市のおこなう住宅建設のガイドラインにしようとしているのである。

一九八〇年代からコミュニティ再開発庁（ＣＲＡ）に批判が集中し、市議会はそのコントロールを強化する方向にある。ＣＲＡは約束したほど低所得者むけ住宅に金をまわさず、商業開発の手助けに重きをおきすぎたというのである。レーガン大統領の補助金カットがひびいている。

自由のなかの厳しい規制

アメリカは国土が広い。地価が安い。そしてアメリカは自由主義経済の代表国である。住宅供給はほとんどすべてが企業によっておこなわれている。

だが一方で、アメリカほど土地の利用や住宅の基準やまちづくりについて厳しい規制を設けている国はない。開発にさいしての住民合意や公共施設費用の負担もそうだが、土地利用にさいしての用途規制の厳しさは日本と比較にならない。

日本のゾーニング（用途地域）は八つという大まかなもので（注、二〇〇五年現在一二）、用途規制はきわめて甘い。たとえば住居地域では、次のような建物を建てることができる。

表1　アメリカの用途地域内の建物用途制限

〔ロスアンゼルス市・住居地域のみ〕
(○は建てられるもの)

用途地域 ＼ 用途	一家族住居地域												集合住居地域										
	住宅地					郊外住宅地	一家族住宅地	連棟建住宅地				一家族水際住宅地	二家族水際住宅地	二家族住宅地	密度制限集合住宅地						集合住宅地		
	RE40	RE20	RE15	RE11	RE9	RS	R1	RZ2.5	RZ3	RZ4	RZ5	RW1	RW2	R2	RD1.5	RD2	RD3	RD4	RD5	RD6	R3	R4	R5
一家族住居	○	○	○	○	○	○	○	×	×	×	×	○	○	○	×	×	×	×	×	×	○	○	○
二家族住居	×	×	×	×	×	×	×	×	×	×	×	×	○	○	○	○	○	○	○	○	○	○	○
5区画未満の連棟建住宅	×	×	×	×	×	×	×	○	○	○	○	×	×	×	×	×	×	×	×	×	×	×	×
アパート・集合住宅	×	×	×	×	×	×	×	×	×	×	×	×	×	×	○	○	○	○	○	○	○	○	○
公園・運動場・野菜農園	○	○	○	○	○	○	○	○	○	○	○	×	×	○	×	×	×	×	×	×	○	○	○
コミュニティセンター	○	○	○	○	○	×	×	×	×	×	×	×	×	×	×	×	×	×	×	×	×	×	×
教会・ホテル・学校	×	×	×	×	×	×	×	×	×	×	×	×	×	×	×	×	×	×	×	×	×	○	○
クラブ・病院・ロッジ・サナトリウム	×	×	×	×	×	×	×	×	×	×	×	×	×	×	×	×	×	×	×	×	×	×	○

住：住居地域23のほか、商業地域7、工業地域5、農業地域3、駐車地域2、特別地域(海底土地利用ほか)、合計45地域に分かれている。

資料："SUMMARY OF ZONNING REGULATIONS"
CITY PLANNING DEPARTMENT, CITY OF LOS ANGELES, MAY 1986.により作成。

整然としたアメリカ郊外の住宅地（シアトル市内で）

ボウリング場、スケート場、水泳場、麻雀屋、パチンコ屋、射撃場、ホテル、旅館、モーテル、自動車教習場、小学校から大学まですべての学校、病院、診療所、神社、寺院、教会、養育院、託児所、一般公衆浴場、住宅、共同住宅、寄宿舎、下宿、図書館、博物館、物品販売店、飲食店一般事務所、パン屋、米屋、豆腐屋、菓子屋などの小規模の食品製造工場、作業場の床面積の合計が五〇㎡以下の危険性や環境悪化の少ない工場……。そして建築できる容積率（敷地面積にたいする延床面積の割合）は四〇〇％まで。建物の高さ制限はない。

要するに「住居地域」という名前はついているものの、キャバレー、映画館などの娯楽施設や本格的な工場を除いて何でも建てられる。だから、地上げが起こり住宅地が商業・業務施設や高層マンションに変えられるのである。

これに比べてアメリカのゾーニングは、たとえばロスアンゼルスのばあい四五に分かれている（**表1**）。住居地域だけでも二三あり、建築可能な住宅の階数、形式、最低敷地面積などが細かく規定されている。住宅以外に建築できるのはコミュニティ・センター、教会、ホテル、学校ぐらいである。ロスアンゼルスの都心は必ずしも整っているとはいえないが、このように土地の利用が詳細に規制されておれば、戸建ての住宅を潰してマンションにしたりオフィスを建てることはできない。

自由主義経済は個人の勤労意欲、企業の資本力や競争によって良質の商品を低価格で供給でき、生活の向上と公平化に寄与できる可能性がある。自由主義社会の経済発展はそれに負っている。

しかし、そうした市場原理によってはそれが困難で、社会の課題にこたえることはできないものがある。土地の利用、庶民住宅の供給、自然の保全、生活環境の形成などはみなそうである。詳細な用途地域制はそれをまもるために役立つ。日本のように何でも建てられる「混合用途地域制」のもとで土地利用を市場原理にゆだねると、強大な資本が土地を買い漁り住民を立ち退かせ、現在おきているような弱肉強食の都市空間利用になってしまう。それが地価を高騰させる一因になっている。地価の高騰は、基本的に土地の利用をめぐる弱肉強食の反映なのである。だから住宅地をまもる用途地域制を用意しなければ、都市には人が住めなくなり地価高騰もやまない。

アメリカ社会は自由主義経済原理を最大限に尊重しつつも、厳しい土地利用の規制や住民合意の義務化等の社会的コントロールの強制によって、都市空間の秩序を保全し、居住地をまもっているのである。この規制は年を追ってむしろ厳しくなっている。たとえば先のロスアンゼルス市の用途区分は、一九八〇年には住居地域が一九、全体が四〇区分であった。それが八六年には、二三と四五にふえた。

住まいは「市民社会」の基礎

アメリカの家は大きい。快適で広いリビングルームとファミリールーム、豪華な浴室のついた寝室、食堂とは別の朝食用の食事室、広い庭と美しい芝生、二寝室以上の住宅には必ずある二つ以上の浴室と便所……。アメリカ人はなぜ大きな家に住もうとするのだろうか。

「アメリカ人にとって住宅は城である。自分で土地を開拓し自分の世界を切りひらき生活の根城をつくらねばならなかったこの国の人びとにとって、住居はすべての根拠地である。企業社会の今日では個人の信用をつくるステータス・シンボルでもある。だから地位が上がると上のクラスの家へと移っていく……」

こういう説明がなされるばあいが多い。そういうこともあろう。だが、住宅を良くしようというアメリカ人の意識のなかにある、自分の部屋の主人は自分であり、住居は家庭の城であり、良き市民、良きコミュニティ、良き隣人は社会生活に不可欠であるという考えは、たんに家をステータスシンボルや蓄財の手段と見なすだけのものではないように思われる。そうであればこそ、個人と社会のあらゆる局面で住宅の問題を重大なこととしてとりあげ、コミュニティの回復を願い、そのための運動にとりくむ、それが「市民社会」を支える物的基盤となっているのではないか。「開拓者」意識が大きな家をつくらせてきたのであるが、その家がまた個人の自我と市民社会を成長させていったのではないか、と思う。

　こういう考えはあらゆるところで見られる。たとえば、連邦政府住宅都市開発省（ＨＵＤ）発行の政策プログラムは次のような言葉ではじまっている。

「住居は、衣食とひとしく国民が必要とするもっとも基本的で、本質的で、基礎的な人間の権利である。この認識のみが、人間にふさわしい住居の充足を国家の住宅政策として準備させるのである」

アメリカ上流の住宅（ニューヨーク郊外で）

上記住宅のリビングのコーナー

　またＨＵＤが規定している「住宅の最低基準」のなかの「リビングルーム」の項は次のようになっている。

「各住宅には、楽しくす

ごし、読書をし、手紙を書き、音楽を聞き、テレビを視、くつろぎ、いつも子どもと遊ぶ、そんな一般的家庭生活、集団生活をひきだすリビング空間がなければならない」

わが国では、住居が個人の自我を育てたり、コミュニティ、ひいてはデモクラシーの基盤をつくる要素として考えられてこなかった。長いあいだ個室という概念さえなく、狭い家によりあって住む「甘え」の生活様式をつくりあげてきた。それが個人の生活と人権を尊重させない背景ともなってきた。今日でも、日本の住宅と居室には最低面積の基準も居住密度の規制も、居住空間をまもる都市計画も、ましてプライバシーや家族が住む場所としての住宅についての思想も法律も存在しないのである。

アメリカのような開拓と個人主義の伝統を持たない日本の社会と歴史に照らして考えてみると、日本の住居を良くしていく鍵は、われわれ日本人の意識の変革からはじめるほかはないのであろうと思う。個々の市民も政府も企業も労組も、住居を個々の人権を確保する場としてとらえていく自己改革と、それを基礎とした社会全体の住宅改善へのとりくみが必要なのであろうと、アメリカを見て思う。

企業と地域社会

いまひとつ指摘しておかねばならないのは、企業のありかたである。

司馬遼太郎氏は、初めてアメリカを訪れた印象を次のように書いている。

「アメリカにきて驚いたことの一つは、機能を失った都市を平然と廃品同然にしていることだった。

（都市の使い捨てというのがあるのか）

と思うほどのショックを受けたのは、ワシントンからニューヨークにもどる途中、列車の窓からフィラデルフィアの鉄鋼製鉄構造物の巨大な廃墟群をみたときだった」

そして司馬さんは、こう自問自答する。

「この社会では資本はその論理でのみ考え、うごき、他の感情をもたない」

（それに比べて）「日本の場合、しばしば資本は人間の顔をしている。たとえば石炭の時代が終わって、常磐炭田が無力化したとき、従業員を食べさせるために、会社ぐるみのレジャー産業に転換した」（『アメリカ素描』一九八六年）

産業構造の転換については、日本でも似たことが次々と起こっている。北海道で九州で鉱山が閉鎖され、炭坑夫たちは山を下りている。長崎の軍艦島は捨てられた。因島の日立造船の閉鎖によって、労働者たちは社宅を追われマイホームの借金をかかえて呻吟している。造船の街の解体もある。街はさびれ、労働者は散っていった。

（日本の資本も都市を使い捨てにしている）

だがそれとは別にこうも思う。

なるほどアメリカでは、資本の論理は日本以上にすさまじいだろう。けれどもそれはデモクラシーの論理あるいは企業の社会的倫理と共存しているのではないか。それにたいして日本の資本はとりわけその中心にすわる金融機関は、企業暴力の論理といって言いすぎなら、人間社会のための企業活動という社会規範も教養も持たないのではないか。

日本の銀行は不動産業者の土地投資に莫大な資金を融資し、土地転がし・地上げをあとおしし地価狂乱に加担した。金を借りた不動産会社は、土地を手にいれるために、ヤクザを使ってまちのなかに住む住民を脅し、暴力、放火、はては人殺しまでやってのけた。

銀行は、この反社会的活動に融資して何ら心の痛みを感じていない。

都心から人がいなくなる、住みつづけられなくなる、コミュニティが消える、家を買えない、地代や家賃を払えない、住む処を見つけられない。それで日本人の暮らしや日本の社会はこれからどうなるのか、と考えることはないのだろうか。

むろんアメリカにも放火をして借家人を追い出す事件がある。それも決して少ない数ではない。しかし大銀行自らがそれに手をかすということはないのではないか。

それにくらべてもうかることなら何でもする、というのが日本の銀行や不動産業者のしてきたことではないのか。資本主義社会というのは、金がもうかるなら人びとの暮らしの基盤をうばってもよい、ということではないだろう。企業の活動にも社会的倫理が存在するはずである。目先の利潤のためにはどんな社会的弊害が生じても関知しようとしないおおかたの日本企業と、企業の活動を都市や社会の再生、住民の生活向上と結びつけて考える人びととのあいだには、大きな隔たりがあるといわざるをえない。

企業は地域社会の一員である。どのような企業でも地域社会に根ざして活動し、地域社会から利益を得ている。企業のなかではたらく従業員とその家族の生活は、地域の住宅、学校、病院、公園、コミュニティによって支えられている。子どもは地域の幼稚園に通い、主婦は買物をする。企業は地域社会をはなれては存立しない。

だが、日本社会での地域と企業の関係を見ると、企業は乱開発、環境破壊、公害のたれ流しといった、地域と対立する行動をしているという印象がある。新聞の社会面に企業が登場するときはたいていこの種のものである。企業が地域の住民や社会に貢献したという記事は数えるほどしかない。これは、日本の企業に、自分たちが社会的存在であるという意識が低いからなのであろう。だから平気で土地投機や乱開発をすすめて心の痛みを感じないのであろう。

それがどれほど地域社会、地域住民に迷惑をかける行為かということについて、露ほども頭に浮かばないのであろうか。

そうであれば、こういう日本企業の体質、行動様式はどのようにすれば変わるのだろうか。だれがそれを実現するのか。その自覚がいま企業に、そこではたらく人びとに、そして社会に求められている。

第二部　イギリスの社会主義

第四章　戦争便乗の家賃値上げは許さない

――第一世界次大戦下グラスゴウの家賃ストライキ――

二〇世紀の初頭、イギリス帝国は七つの海を支配していた。帝国の威信拡大には造船業、海軍兵器産業が大きな位置を占めていた。大英帝国の北部、スコットランドのグラスゴウ市はその中心になっていた。労働者の数は急速にふえていく。だが住宅建設はすすまない。

このころ、イギリスの住宅は九割が民間借家であった。住宅供給のうえで独占状態を形成していた地主・家主は、高い金利の資金を長期間借りて住宅を建てるよりも、既存の住宅に労働者を過密居住させて利益を上げる道をえらんだ。たとえば、一九一二年から一九一五年のあいだに人口は六五〇〇人増えたのに、住宅は一五〇〇戸しか建っていない。労働者の過密居住はひどくなるばかりで、人口の七〇％はワンルームかそれに台所のついた一部屋に住んだ。（後述の一八八〇年ころの状態と少しも変わっていない）

住宅は荒廃し、居住区はスラム化の様相をていし、それにもかかわらず家賃は高騰した。その状態は労働者だけでなく職人や技師など富裕層にもおよんだ。その一方で、グラスゴウ市中心部の住宅の一一%は投機目的のために買い占められ、空家の状態におかれていたのである。

こうした状況のもとで起こった一九一五年のグラスゴウ家賃ストライキは、「福祉国家」イギリスの住宅政策を展開させる重要な契機となるものであった。

住宅問題にとりくむ労働組合と政党

このころ、住宅問題は深刻であったが、労働者むけ住宅の供給は私企業の仕事であり、市場原理にまかされるべきであるという考えが社会一般の風潮であった。一八八五年にはじまった労働者階級の住宅に関する王立委員会で、労働組合の指導者、エジンバラ労働組合評議会の議長は次のように証言している。

質問　地方自治体は労働者むけ住宅建設のために財源をあてるべきだと思いますか。

答　わたしはエジンバラ市当局が市民むけ住宅建設にたいして責任を負うことには反対です。こうしたことが一般にひろがり、市当局が適切な住宅を責任を持って供給することを市民がもし信じたりすれば、国家存続の根幹にある産業界や企業体に打撃をあたえるのではないかと思います。

エジンバラ社会衛生協会議長の証言は次のようなものであった。

質問　最下層の人びとの気持ちをあなたはよく知っていますか?

答　はい、よく知っています。

質問　そうした人びとが住むことを余儀なくされている地域について彼らは大いに憤慨しているようですか？

答　いいえ、彼らはそれをみとめています。なぜなら、彼らにはどうしようもないことなのですから。

質問　どうしようもないという理由で彼らのあいだに不満は出ていないのでしょうか。

答　そうです。わたしたちはそういう状況を変えるために研究会を開いているのですが、いかんせん彼らは満足しているのです。彼らはどうしようもないと考えていると思います。

質問　彼らのなかで憤慨の気持ちはみとめられないというのですね。

答　そうです。わたしはまったく彼らの不平を聞いたことがありません。彼らがまともであったなら、つまり彼らがもう少ししらふであれば、彼らの大部分はもっとましな住宅に移るだろうにと思います。

たとえ貧乏人がスラムに住んでいるとしても、彼らが反乱を起こすにはあまりにもアルコールの飲みすぎであり、彼ら自身の道徳が欠如しており、国家はそれに安心しきっているというのが実情であった。グラスゴウ工場協会の証人はこう証言している。

「住宅貧乏の根源は、借家人の多くが金使いが荒く、不節制で、自重に欠けることにある、というのが協会の主張です」

しかし労働者階級の物的生活環境は、平穏な状況にあると主張するにはあまりにもひどい状態であった。一八八一年当時、グラスゴウの都市人口の二五％はワンルーム、五〇％をこえる人口は台所のついた一部屋住宅に住んでいた。裏庭にある屋外便所の一つは二二家族で、別の一つは四〇の家族で使われていた。汚水溝も便所として使用された。住宅の中では一日や二日死体がころがったままになっていることもあった。スラム地区がひろがり、議会も無視できなくなっていた。先の王立委員会でグラスゴウ市長はこう証言した。

質問　公共住宅政策は地方議会選挙において一つの争点を形成しているのですか。

答　はい、いつもそうです。

質問　あなたのいうようにグラスゴウ市においては、貧乏人にたいして、市当局は住宅を供給することを援助すべきであるとする考えがひろがっているのですか。

答　ひろがっているというつもりはありませんが、市会議員選挙のさい、労働者むけ住宅建設に賛成であるかどうかはひとつの争点ですし、これまでもそうだったのです。

こうした議論がおこなわれる一方で、その目的は治安に限るべきだという主張も強かった。公共住宅の供給は私的な建設企業に干渉するものである、地方自治体はすべての市民に「平等」に供与しなくてはならない、というのがその言い分であった。

ある大学教授は次のような見解を示した。

「ここでわたしの主張を明確に示しておきたい。住宅政策の必要性についてわたしが譲歩するのは、いわゆる〝労働者階級〟のためという発想にもとづくものではまったくない。根深い邪悪の温床がそれによって一掃される可能性をそこに見いだすからである。

特別な状況でない限り自治体が住宅建設に出る必要はない。すべての自治体の任務は粗末な住宅を建てる私企業の行為がひき起こす治安の維持と衛生上の規制である」

だが、世紀のさかい目で、事態は急速に動いていた。

労働者階級は独自の組織や団体をつうじて住宅の市営化と適正家賃を求める声を高めていた。独立労働党は一八九八年までにグラスゴウで一〇人の市会議員を有し、住宅の市営化をしつように要求した。

一九〇〇年にグラスゴウで開催された労働組合大会は「スコットランド住宅協議会」を設立し、一八九八年にイングランドで設立された「全国労働者階級住宅評議会」と連携した。全国労働者階級住宅評議会は三人の植字工によって創立され、機関誌『ハウジングジャーナル』を発行して住宅公営化のキャンペーンをくりひろげる一方、地方や全国的な協議会組織をとおしてさまざまの活動をしていた。専門の講演者を全国に送り、国会に陳情し、同情的な国会議員にはたらきかけて国会で法案を論議し成立させた。一九〇八年には国家による住宅供給の責任を明確に主張した。

これらの闘争をつうじて重要な点は、「グラスゴウの労働者階級がいかにして伝統的な自由党とトーリー党(王権の優越を主張し既存の社会秩序を擁護する。後の保守党)の政策の枠組(パラダイム)を打ち破るか、どのように階級闘争を前進させるか」にあった。

しかし一方、グラスゴウのブルジョアジーも市民同盟という独自の組織によって、できうる限りこれに対抗しようとした。

ある労働者代表の市会議員候補はこうした状況をこう解説している。

「市民同盟は誤った傾向の教育をほどこされた人びとから構成されています。彼らは良き経営者であり、たいていは情け深く、慈善活動に熱心です。だが住宅問題に求められているのは慈善ではなく、根本的な原理の適用なのです。彼らは労働者を賃金競争によって買うことのできる商品と思っています。賃金は飢えをしのぐほどしかなく、良かろうが悪かろうがどんな住宅にも家賃を支払わされます」

彼らブルジョアジーは、時代に挑戦をいどむ歴史の声を聞いたことがないのです」

その声が聞こえるまでそう長くはかからなかった。一九一一年、「都市労働党」が活動計画の中心に住宅改革を掲げて結成された。全国労働者階級住宅評議会は、国家に住宅政策への資金補助にとりかからせ、一九一一年には貸家家賃法を立法化させ、低所得者にそれまでの年払いに代わる月払いの借家を保障し、借家人を法的に保護した。当時のスコットランドの貸家は年契約で、家主は契約更改ごとにたびたび家賃を上げ、住宅への不満はつのっていたのである。

戦争と住宅難

一九一三年、独立労働党に属するグラスゴウの市会議員ジョン・ホイートリーは彼の選挙用のパンフレットのなかで、「グラスゴウの市民に八ポンドの住宅を」と記し、貧困問題の根元は住宅にあることを訴えた。

「貧困には普遍的に劣悪な住宅がつきまとっています。住宅の貧困という根本の問題をおきざりにして、たんに場当り的に対策をいじくりまわすのは、くだらない空虚なことです。人びとを破滅の方向へ導く〝住居の貧困〟というあふれんばかりの河の流れは、彼らを致命的な方向へ運びつづけることでしょう。たとえあちこちで貧困の小川をせき止めたところで、それが何になりましょう」

貧乏人は滞った家賃を支払うために苦悩していた。そして、家賃と地方税（固定資産税等）の支払いを逃れるために逃げまわっていた。一九〇六年には一万五〇〇〇人が逃走者となった。家賃とともに徴収される地方税（固定資産税等）は、さまざまの負担がどう課されているのか、不明瞭であった。借家人は搾取の実態を感じとっていた。

こうして家賃問題は、それに関連する地方税にたいする苦情によっていっそうもりあがった。同じ年、家賃高騰にたいしてたかまる不満を背景に「スコットランド借家人協会連盟」が組織され、国による住宅供給を求めた。

一九一四年には独立労働党住宅委員会と婦人労働者連盟がいっしょになって、「グラスゴウ婦人住宅協会」を結成した。この組織は後の家賃ストライキにおいて決定的に重要な役割を果たすことになる。

こうして政党、労働組合、婦人団体などが次々に住宅問題にとりくむ組織をつくっていった。一九一四年七月、第一次世界大戦がはじまった。それとともに軍需工場のあつまっているグラスゴウ市内のクライドサイド地区ではいっきょに一万六〇〇〇人の労働者がふえ、市の郊外には四〇〇〇人が新たに住みついた。だが家主は借家の家賃を二三％ひき上げ、住宅不足を最大限に利用した。借家市場をほぼ独占していた家主はことあるごとに家賃を値上げし、抗議の声はたえなかった。

事件は公式の団体が家賃高騰の実態を調査しようと、二〇〇〇人の訴えをしらべた一九一四年に端を発した。調査結果は、ゴーバンやパティックという高度に工業の発達した地域に問題が集中しており、かつその住宅は耐えられないほどひどいものであることを明らかにしていた。

一九一五年一月、独立労働党の主導のもとに、家賃値上げに反対する人びと四五〇人が独立労働党の「住宅会議」に参加し、八ポンド住宅計画を支持し、住宅問題解決へのとりくみをよびかけた。同年二月、グラスゴウ労働評議会は、要求運動を全面的に支援することを約束し、「グラスゴウ労働党住宅委員会」を設立した。

この委員会は、公式にグラスゴウ労働組合会議と連携していた。住宅委員会は、高騰した家賃に対抗するために借家人を組織化すること、国家の補助金などによる公営住宅の実現に努力すること、を主たる目的にしていた。独立労働党は家賃統制と住宅の公営化を綱領に掲げた。労働者代表の議員からなる各種の委員会、借家人擁護協会、そのほか労働者をとりまく近隣のさまざまな人びとが民主的な集団として組織され、それが大衆動員の可能性へとつながっていった。借家人の大多数は地域の造船所や機械工場など軍需産業に雇われた熟練工であり、ストライキの主な立て役者として活動した。

一一月になると、さまざまな階層の借家人たちが家賃ストライキに参加するようになっていた。

これらの組織はたえまなく自治体に陳情をくりかえし、それぞれの地域で扇動・宣伝活動をくりひろげた。

家賃ストライキへの突入

一九一五年四月、熟練工が大勢住んでいるグラスゴウの過密工業地区ゴーバンで、兵士の家族が強制的に追い立てられようとした。この事件は人びとの愛国的憤りを脅威的な形でかきたてた。「人びとが、軍隊に息子を奪われるという耐えがたい苦しみにさらされているときに、戦争によって加速した住宅不足につけこんで不当な利益を得ている家主」への抵抗は、社会的正当性を持つものとして受けとめられ、大きな同情と支援があつまった。これをきっかけに、借家人は家賃の値上げ分の支払いを拒否する家賃ストライキに入った。多くのビラが印刷され窓に貼られた。どこへ行ってもビラが目についた。どの通りでもビラの貼られていない窓はなかった。そのビラには、

「われわれは値上がりした家賃は支払わない!」

と書かれていた。労働党の指示のもとに新しい住宅政策を求めてデモがおこなわれた。「路上で、広場で、住宅の中で、台所で、一日中人が寄りあつまって、さまざまな形で集会が持たれた。事態が法廷で争われるときにそなえて、だれひとり休憩をとることなくその準備に備えた」

しかし家主は警察をともなってやってきた。家賃の不払いにたいして家主らは、追い出し、家財の差し押さえなどの手段をとることができ、借家人は厳しく罰せられた。家主はすべて零細で、

借家の三分の二は資金を借りて建てたもので、高金利の利子を支払うためにはどうしても家賃を厳しくとりたてねばならなかったのである。

警察力をともなっておこなわれた再三の家主による強制追い立てにたいし、居住者は抵抗し団結力を強めていった。婦人たちは、借家人を追い出しにやってくる家主の代理人や執行官に挑戦した。

「四、五人の子どもをかかえるある未亡人が追い立てにあっていた。近所の人びとは彼女を追い出しから守ろうと決意した。婦人たちは階段に身をかくし、執行官らがやってくると不意打ちをくらわせた。彼らは大男で強そうだったが、ゴミに埋もれてあきらめた。警官がやってきたが、だれも何も見ていないといい、哀れにもその男はゴミにまみれて去っていった」

差配人や執行官を襲撃するためには手あたりしだい何でも使われた。

「激論がかわされ、ガラクタ、メリケン粉、黄粉、胡椒などさまざまなものが投げつけられた。結局、彼らは訪問しただけで帰っていった」

初夏になると、グラスゴウで大規模なデモが発生した。彼らは値上がりした家賃の支払いを再びこばみはじめた。八月までに家賃ストライキはグラスゴウ中にひろがった。一〇月、一万五〇〇〇世帯が家賃ストライキに加わった。その中には、五人の市会議員が含まれていた。一〇月七日には大規模なデモ行進が婦人たちのリードのもとにおこなわれた。工場側はすべての工場に鍵をかけた。当時は工場内のストライキにさえ警察が介入してくる時代で、労働組合も非常に緊張していた。それでも工場や造船所のゲートでたえず大集会が開かれ演説がおこなわれた。

家主はこれに対抗して、法的措置による立ち退きを迫った。家主の大部分は家屋を抵当に入れた零細投資家で、金利の上昇と借家人のストライキに直面し進退きわまっていた。

国家と資本にとって、家賃統制という形で不動産所有者の利益を犠牲にすることは、かえって好都合であった。なかにはゴーバンのストライキを支持し、国家の家賃統制をいち早く擁護した大企業もあった。賃上げの抑制にもつながるからであった。資本家は、ストライキによる社会不安を恐れていたし、また自由市場ではうまく住宅が供給されないことに気づいていたのである。

議会は公式に家賃問題調査委員会を設置した。労働者側の議員は、自治体がただちに土地・家賃・新しい住宅供給の包括的な問題にとりくむ特別委員会の設置を要求する活動にとりかかった。家賃を戦前の水準にもどすことを自治体が再度、国家に要請するよう圧力をかけた。

譲歩した政府

一一月、家賃ストライキへの参加者は二万世帯に達した。それはもはや法的圧力に抗する暴動になろうとしていた。一万人が市議会の正面にあつまり、リーダーの演説を聞いた。ウイリアム・ライドは労働組合のリーダーであると同時に借家人保護委員会の書記長でもあった。

一一月一七日のデモが最後になった。

裁判所の周辺には労働者たちが四方からあつまってきた。すべての通りは人で埋まった。交通はまったく遮断された。六人ばかりのがっしりとした労働者の肩の上に演壇がもうけられ、その上に演説者が立ち、差配人や戦争挑発人をこきおろした。くりかえされる憤怒のうなりは、前線に息子や夫を送った母、妻からのものであった。ある婦人の感想、

「何千人という男女が目抜き通りを裁判所へと行進しました。通りをかこんで人びとがあつまりました。真黒な顔をした男たちが行進するこの光景とざわめきを、わたしは決して忘れることはないでしょう」

アスキス首相に電報がうたれた。

「戦時中、いかなる家賃の値上げも禁止する声明を出すよう、政府に要求する。この要求が通らない場合、一一月二二日にゼネストにはいることを宣言する」

同じ日、家賃を戦前の水準にもどす法案を国会に提出するよう、要求書が政府におくられた。

一一月二五日、スコットランド国務大臣は「すべての家賃を戦前のレベルに凍結すること」を内閣に提案した。

「家賃・住宅融資利子制限法」が国会に提出され、一九一五年一二月二五日可決された。

そして、低家賃の住宅を実現するために、家賃統制がはじまった。

しかし家賃統制法は労働者むけ住宅の供給を完全に停止させ、急激な住宅不足をきたすことが明らかであった。建設費と維持管理費の上昇、制限された家賃、住宅基準の上昇等は、住宅投資を抑制した。王立委員会は、地方当局による住宅供給について、国家が全責任を負うよう要請した。一九一九年、イギリス国会は「都市・農村計画法」を可決し、労働者への住宅供給を地方自治体に委任し、必要な経費を支出することにした。住宅保障に国家が責任を負うべきだと考えられた歴史上最初のできごとで、公共住宅政策の誕生であった。

国家はそれまで労働者階級の住宅供給を組織的におこなう政策をまったくつくっていなかった。この法律は、地方自治体が地方の労働者階級の住宅を調査し、住宅建設計画を添えて国に報告することを義務づけていた。国は、低家賃住宅の実現にはどんな支出も辞さないと誓約した。労働者は国家から権利としての住宅保障をかちえたのである。

大きかった女性の力

この家賃ストライキを追跡したジョセフ・メリングはこう書いている。

「一九一五年のグラスゴウの家賃ストライキがなかったら、一九一五年の家賃・住宅融資利子制限法も、一九一九年の都市・農村計画法も別のものになっていただろう」

「当時、婦人たちがゴーバンで執行官に胡椒を投げつけていたときはそのことに気づいていなかったかもしれないが、彼女らは歴史をつくっていたのである」

なぜこの家賃ストライキは成功したのか。

家賃ストライキへの参加者は主に工場労働者の男女で、彼らの家族は労働者居住区の住民であった。最初に家賃ストライキの起こった南ゴーバンには、主に事務職や管理職や熟練工が住んでいた。家賃を値上げする家主への大きな不平はスラム地区からわきあがったのでなく、いままで住宅問題は貧困層の問題と考えていた、こうした地区の人びとのあいだから発生した。そして家賃ストライキの成功は、労働組合のはっきりした支持があったこと、借家人の要求をききいれなければ工場でのストライキも辞さないという脅しがきいた。借家人のリーダーの何人かは工場内の活動的な組合幹部だったのである。グラスゴウ家賃ストライキは自然発生的な暴動ではなかった。長年にわたって住宅問題にとりくんでいた政党によって組織化されたものであった。

一九二二年に再び約二万人の参加する家賃ストライキが別の地区でおこったが、労組のスト支援がなかったので成功しなかった。

グラスゴウの大衆運動は、それが一時的なものであったにせよ、労働者のあいだに存在していた熟練度や宗教や性といった、旧来の溝を越えたものであった。男も女も、カトリックであろうとプロテスタントであろうと、技師であろうと労働者であろうと、彼らは家賃の高騰を生活を脅かすものとして受けとめ、闘った。彼らは、戦争、徴兵、生活費の高騰など、資本家の産んださけがたい悪徳によってひろく人間社会にはびこった、困窮という問題にとりくんだのである。住宅の不足、家賃の上昇原因は戦争にもあった。戦争は住宅の過密、不衛生などとともに、建設産業・住宅産業の衰退と崩壊をもたらし、住宅の絶対的不足を深刻化させた。家賃の高騰は機械工業や造船業に産業不安をもたらし、建設業界は瀕死の状態にあった。運動の指導者たちは、くり返し戦争の愚かしさを訴えた。彼らは軍需品法と国土防衛法に反対し、労働者の自己防衛組織をつくっていった。彼らは、地方の労働者に多い主戦論者を階級意識を持った労働者に変えることにも努力を払った。

ストライキを直接支えたのは女性であり戦争未亡人たちであった。なぜ女性が強力で決定的な役割を演じたのか。一九一四年にグラスゴウ婦人住宅協会が設立されてから一九一五年末までに三〇〇〇人がメンバーになった。女性の多くは主婦であり、男性のかわりに工場ではたらくようにいわれた人たちが多かった。男性が戦争へ行ったことによって、社会に独身女性が急増していた。それが彼女らをして社会問題にたいして敏感に反応させ、自分たちの力で解決しようとする気を起こさせた。政治にかかわり、社会にかかわり、はてしなくうごき、お互いに議論した。

女性たちは住宅問題に攻撃的かつ思慮深くとりくんだ。必要があれば工場労働者に援助を求めた。彼女たちは一団となって造船所へ行進し、男たちを職場から解放して裁判所までのデモ行進に参加させることもあった。

マドリッドで会ったスペインの社会学者マニュエル・カステル教授は、この女性と運動の関係をこう推測し評価している。

「婦人たちは最初からこの運動の主役になろうとしたわけではなかった。彼女たちは自分の家族の生活する権利をさけんだのであり、運動のプロセスで彼女たち自身の認識が変わり、コミュニティのなかでの自分たちの役割に気づいていったのではないか」

「しかしこの運動が婦人を基盤にしていたという事実は、労働の場と生活の場を、あるいは工場と住宅を統合する点において決定的であったし、それが社会闘争を成功へむすびつける環境を創出したのである」

一九二四年、最初の労働党政府は、ホイートリー住宅法を成立させ、この法のもとで一九三四年までにスコットランドで七万五〇〇〇戸の住宅が建設された。

第五章　住宅かけこみ寺「シェルター」
――ホームレスをなくそう――

一九八〇年三月末、一年にわたる海外住宅事情調査に出かける準備をしていると、イギリス環境省建築研究所に勤めるニュータウンの研究者で友人のメル・パウントニイ氏から手紙が届いた。彼とは古いつきあいで以前に四カ月ほど下宿させてもらったことがある。手紙には皮肉な調子でこう書かれていた。

「貴兄が前に滞在していたこの研究所の住宅都市計画部は閉鎖され、研究員は他の部に移らされたり辞めていった。こんど来るときは、僕がどこに配置されているか受付でよく調べてから訪ねてくれ」

サッチャー首相になってからイギリスは変わった。

イギリスの都市計画・住宅政策・社会政策を研究する機関として有名なＣＥＳ（環境研究センター）は一〇〇人近い研究員をかかえ、イギリスの社会政策や住宅・都市政策の形成に寄与してきたと高く評価されている。国立ではないが、研究費は政府が出してきた。サッチャー首相はその補助金を全額打ち切り、解散させてしまったのである。

「みんなどうした」とわたしはひさしぶりに会った元事務長のシュトットダルト氏に聞いた。「ちりぢりばらばらに散っていったよ」彼自身は新聞広告を見てテレビ会社協会の番組コーディネーターに雇われた。「おかげで給料が倍になった」と大笑い。以前とは見違えるような高級な服を着ていた。

サッチャー首相になってから何もかも変わってしまったという実感は、ロンドン大学政治経済学部（ＬＳＥ）の森嶋通夫教授の「サッチャーはイギリスの歴史を一〇〇年後戻りさせようとしている」という批評によくあらわれている。森嶋教授はわたしをロンドン大学の客員研究員としてまねいてくださったのだが、折りにふれてサッチャー政権について議論した。これは住宅政策の分野でも例外でない。

住宅政策をカットしたサッチャー

イギリスは戦後の復興を公共住宅（自治体、ニュータウン開発公社、住宅協会による賃貸住宅）の建設からはじめた。ナチスによる破壊、戦時中の供給不足、外地からの軍人引き揚げなどによる住宅不足を、毎年建設される住宅の七〜八割を占める公共賃貸住宅によって充足した。半数以上は３ＬＤＫ以上の広さであった。住宅事情が好転するとともに公共住宅の割合は減っていくが、サッチャー内閣の成立する一九七九年まではなお毎年四〇〜四五％は公共住宅であった。その結果、戦後から七八年までに建設された総住宅戸数の五八・六％は実に公共賃貸住宅として建設された。そして一九七八年には住宅全体の三二％を占めるにいたった。

イギリスの公共住宅は、日本のような低所得者をおしこめるネグラとしてではなく、広範な勤労者のための住宅として、家族構成に応じた広さと家計の適正な家賃負担を原則に供給されてきた。それは人びとの生活を支え貧困から脱却する基盤となった。

サッチャー首相は、一九八〇年度からこの公共住宅建設を大幅に削減したのである。八〇―八一年度から八四―八五年度にかけて住宅予算を六一％削減、かわりに防衛予算を一六％ふやした。さらに「一九八〇年住居法」を成立させ、「公共住宅を購入する居住者の権利」を制定、一戸でも購入を希望する居住者があれば売却しなければならないことを法律化した。公共住宅の売却はそれ以前の労働党政府の時代にも一部おこなわれていたが、売却はテラス・ハウスに限られ、自治体によってはやらないところも多かった。ところがサッチャー首相はこれを自治体の義務としたのである。そして売却を容易にするため、三年以上の居住者には原価の三三％を割り引く、次いで一年住むごとに一％を引く。二〇年以上住んでいるものは五〇％引き。一九七九年四月からの一年間だけで一一万七九〇〇戸、八七年三月までに約一二〇万戸が売却された。これがイギリスかと思うほどの政策転換である。（一九九九年現在、公共住宅の住宅全体に占める割合は二二％に

まで下がった。新しい建設については二二三頁の図2を参照）

こういう情勢のもとで張り切っているのが、イギリス最大の住宅運動団体「シェルター」である。「シェルター」は住宅問題にかんするキャンペーン団体で、住宅政策立法のために議会に圧力をかけたり、そのために国民の居住状態を調査するなど、勤労者、市民の住宅事情の改善と住宅政策を発展させるための運動にとりくんでいる。影響力はきわめてつよい。全国で一七の支部を持ち、本部に三五人、全国で六〇人が専従職員としてはたらき、そのまわりに青年、婦人、そして退職者など、多数のボランティアたちがいる。

シェルターの活動

このシェルターは、一九六六年、当時のはなはだしい住宅供給不足に心を痛める多くの牧師が中心となって設立された。その基本理念として、「人間の尊厳を守るにふさわしい住居に住む権利を確立するためには、どんなことでもする」ことを掲げた。はじめは、公共住宅の供給団体の一つである住宅協会に資金援助をおこなっていたが、政府にたいして住宅協会への財源援助を要求し、「一九七四年住居法」でこれが成立してから、シェルターはその活動を拡大した。

会長のネイル・マクリントッシュ氏は会の活動を次のように説明している。

シェルターのポスター

「失業、インフレ、公共投資の削減によって多くの人びとは住居を得ることができず、不良住宅居住を余儀なくされています。シェルターはこれらの個人と家族にたいする個別の相談から、住宅援助センターのネットワークによって、毎年何千という家を確保しています。雑誌『ルーフ』では、シェルター独自の住宅調査結果を掲載し、全政党の国会議員一〇〇人に送り、国と自治体の政策転換をうながしています。このキャンペーンは、未来の住宅難を予防することを求めた教育活動で完了します」

ウォータールー橋のたもとにあるシェルターの本部を訪れた。広報部長を務める小柄な若い女性は、下町っ子らしく元気がよい。

「われわれはいま、サッチャー首相退陣後、サッチャーがめちゃくちゃにしたイギリスの住宅政策をどう立てなおすかという検討に入っている」

と勇ましいことをいった。そういう信念を吐露させるのは、「住宅政策をつくりあげてきたのは自分たちだ」という実践活動にもとづく自信なのであろうか。「シェルター」とはどんな組織で何をやっているのか。その具体的な活動内容を見ることにしよう。

(1) 住宅援助センター

シェルターの仕事の中心となる地方組織で、六つは直接シェルター住宅援助トラストによって、一一は自治体の助成金によって運営されている。一九七七年、シェルターの活躍によって「ホームレス法」が成立した。一八歳になると孤児院を出なければならない。離婚しようにも家がない。

こういう人たちに最優先で公営住宅を割り当てなければならない、などを規定した法律である。その一三条によって、地方自治体から活動の資金の援助を受けるようになった。

シェルター他の住宅援助センターの案内（ロンドン市内で）

援助センターは、住宅入手の困難な人や家主への苦情など緊急を要する住宅問題の解決、公営住宅への申し込みや家賃減額制度を受ける方法などの相談にのる。庶民にとってのいわば「住宅かけこみ寺」である。毎年一万五〇〇〇世帯以上がその恩恵をうけているという住宅援助センターの意義が大きくなるにつれて、一九七〇年からは各自治体でも同じ名前の相談所をつくり、現在は両方が競いあって市民の住宅相談・援助活動にとりくんでいる。

住宅援助センターは、住宅の相談にのることをつうじて、市民が住居についてどんなことに困り悩んでいるかを知り、それを集約し住宅政策に反映させるという役割をも果たしている。「ホームレス法」の成立も、そうした活動から生まれたものであった。

住宅援助センターは、住宅問題をかかえる人たちを具体的な解決策をもって援助する。一人の借家人がホームレスになると、自治体にいってアピールしたり、直接報道して大きい問題にしたり、大衆宣伝をする。パンフレットをつくり教育機関へいってキャンペーンする。どこかで可能性を見いだそうと努力する。法律を変える運動に発展させることもある。

サッチャー政権の公共住宅政策カットでホームレスが増えた

(2) 機関誌『ルーフ』の発行

住宅問題の実態、住宅政策への批判のほか、住居にかかわるさまざまのニュースがのっている「健康と住まい」「住宅アドバイス」「住宅統計の正しい見かた」「More Police But No More

Houses」（警官ばかりが来て住宅はつくらない）という住宅占拠運動特集号もある。

寄稿者は政治家、学者、市民まで、いわば国民的住宅キャンペーン誌である。選挙のときは「選挙宣言」を出し、各政党の住宅政策を一覧にして論評する。一九七九年の総選挙では、保守党のサッチャー党首とヘゼルタイン住宅政策委員長（各党にいる）が「住宅危機は去った。われわれはこれから公営住宅予算を減らし持ち家政策に集中しなければならぬ」といっていることにたいし、同誌は「便所、風呂、台所などの基本的設備がなかったり大修理を必要とする住宅が二〇〇万戸ある」「人間が住むのに適さない家が九五万戸ある」「公営住宅を待っている世帯が一〇〇万戸ある」などとイラストで反論している。

“住宅に困ったらここに電話を！”
シェルターの住宅援助活動

(3) 老人の住む住宅の改善

老人や病人にとって、雨漏りがしたり十分な設備のない家は大きな悩みである。だが老人の多くは修繕したり改善したり改築しようとする気力も経済力もない。住民の老齢化の進んでいる地区で緊急に住宅を修理する必要のある人びとを経済的に援助し、人生の晩年の安全とやすらぎを保障しようという趣

シェルターによる住宅調査から

旨である。

(4) 住教育

シェルターはほとんどの若者が将来直面するであろう住宅難を彼らに自覚させ、彼らが住宅難に陥ることを予防する教材を開発している。また「仕事の家」をつくり、地区内の住宅の歴史、現在の住宅ニーズの拡大、住宅供給の減少の原因などについて学習するセンターにしている。またここで住宅の設計、デザイン、材料の組み合せや住宅の管理方法を学習することができる。

(5) 暴力行為防止のキャンペーン

住宅地の荒廃と暴力を防止し居住環境を良くしていくために、近隣住民、学校、ボランティア組織の間の関係を強め、コミュニティの責任感を高める活動に協力している。

そのほか、老朽化した公営住宅を自治体と協力して修理して家のない家族が住めるようにしたり、貧しい人びとが家を買うばあいのアドバイスをするなど、シェルターの活動は多方面にわたっている。

（6）調査活動

住居の実態についての調査活動は、シェルターの重要な役割である。住宅問題をさまざまな側面から独自に調査し、パンフレットにしている。

シェルターがどんな調査活動をしているか、その二、三を眺めてみたい。

不良住宅が子どもにあたえる影響

貧しい住居が子どもたちにどんな影響をあたえているか。シェルターは、医師、精神科医、児童心理学者、保健婦、ケース・ワーカー、教師、養護教論、児童施設の指導員、牧師、親などの協力のもとに大がかりな調査にとりくんだ。報告書にもられた各分野の専門家の見解を少し紹介しよう。

「発育期に住宅問題にさらされた子どもたちが、長期にわたってどのような影響をうけているか、わたしたちは正確に認識しているでしょうか。幼年期に受けたダメージやその後の影響はなかなか証明しがたいものです。しかし、わたしたちは、子どもの成長にかんする専門家などの調査やインタビューから、不十分な住宅政策が多くの子どもたちの健康、教育、社会的あるいは精神的問題に直接の悪影響をあたえていること、さらにその影響が大人になっても持続していることを確認しました。ごみごみしたところに住んでいると子どもに社会的劣等感を感じさせ、反社会的

シェルターによる調査報告書「育つ場所がない——貧しい住宅が子どもに与える影響」

行為や非行につながります」（ケース・ワーカーの報告）

「劣悪住居に住む子どもの性格には二種類あります。一つは、鋏や画鋲をもってほかの子どもに喰ってかかる攻撃的なもの、もう一つは、いつもうずくまっていて引っ込み思案で泣き虫の子どもです。また狭い家の中で集中力に欠ける子どもは、ほかの生徒の注意力を乱し、授業を妨害します。教師は、そのような子どもを厄介者としてあつかい、問題をさらに悪化させています」（小学校教師）

「劣悪な住居と環境で育った子どもたちは非常に乱れています。わたしたちはよくそういった子どもの診察を依頼されますが、そのつど、こうなる前に何か救済の処置がとれなかったのかと腹だたしく感じます。人間関係、尊敬の念、的確な価値判断などの能力が非常に欠けています。人生に対する責任や自分の人生をコントロールしていくことがうまくできないのです」（精神科医）

「貧しい住居は明らかに精神的障害を助長しており、有効な治療を困難にしています」（小児精神科医）

「母親たちは疲れているので、子どもたちが外で遊ぶのを監視できず、家の中で遊ばせておきます。だから子どもたちは疲れていないので夜眠れず、ますますいらだってくるのです」（医師）

インタビューに応じたある母親は、こう答えている。

「子どもにどんな影響があるかですって、わたしの方が影響を受けていると思います。わたしは家の中では何事も容易にすることができません。台所にいこうと思えば、おもちゃの山を登っていかねばならず、五歳になる子どもはフットボールに夢中でいつも家のなかでボールをけりたがり、それで私は彼にどなります。悪い住宅は気を短くさせ、神経をすり減らし、一番愛している子どもにでも、ときには激怒することがあるのです」（母親）

「子どもたちの情緒問題に関し、ひどい住宅事情の中では何をやっても、水中で人工呼吸をやるようなものです」（ケース・ワーカー）

また「国際児童年の住居の真実」というパンフレットを出し、住居を良くしないで何が国際児童年か、という疑問を投げかけている。都市再開発が老人のコミュニティをこわし生活基盤を奪っている様子を伝える調査報告書もある。

ホームレスの実態

住宅事情や住宅需要にかんする独自の調査もおこなっている。

シェルターによる「イギリスにおける住宅ニーズ——その現在と未来」という独自の調査は、次のような言葉ではじまっている。

「これは楽しいドキュメントではないが、福祉制度のゆきとどいたわたしたちの社会に現存することをみとめなければならない。何千という人びとは長期間、家がないかあっても悲惨な状態である。最近の政府の予算削減は住宅問題に深刻な影響をおよぼしている。シェルターと住宅援助活動をしている人びとはその削減の規模に驚いている。それはより多くの人がより長い期間、水準以下の不幸な過密な状態に住むことを意味している。わたしたちは全国の住居の状態をここに示そう。数字と統計をとおして、良い家を持たない人びとを見て歩こう。そして近い将来、家を手に入れることはおそろしく困難になることを示そう。

この報告は現実をとおして、いま行動をおこさなければならないことを示している。わたしたちの怠慢が、将来どういうことになるかを示している」

イギリスでは一九八〇年代に入ってからホームレスが急増している。自治体がホームレスとしてうけいれた世帯の数は一九八三年八万九三〇〇（一〇〇〇世帯あたり五・二世帯）、八六年二万八二〇〇（五・七）、八九年一四万四〇〇〇（六・九）と急増している。

イギリスの住宅政策はこれまで公共住宅が中心であった。だがサッチャー首相は新規の供給をほとんどカットし、既存の公共住宅を払い下げたために、住宅困窮者の新規入居はいちじるしく困難になった。民間借家は新たにはほとんど供給されない。「民間借家を見つけるのは天の星をつかむほどむずかしい」とロンドンっ子はいう。住宅の購入にさいしては日本の住宅金融公庫にあたるビルディング・ソサエティが購入価格の九〇%まで融資してくれるのだが、手持ち資金とローン返済能力が必要である。こうして行き場のない、家を見つけられないホームレスの人びとがたくさん生まれた。

路上のホームレスを掃き出すサッチャー政府『ルーフ』1990年5＋6月号より

　とりわけしわよせを受けているのは、旧植民地から移住してきた人たちである。公共住宅政策が後退するほど、人種問題が激化する傾向を示すようになった。また少ない公営住宅に最下層の労働者があつまることからさまざまな社会問題をひきおこすことになった。

　職を求めて地方からロンドンに出てきた人たちは安ホテルの一室に家族で住み込む。一つのベッドに数人が寝る。民間のB・B（ベッド・アンド・ブレックファースト＝朝食つき下宿）、自治体の一時収容施設、ホステル（簡易宿泊所）などにも居住する。

　これらの人たちはどんな暮らしをしているのだ

ろうか。シェルターが調査した「福祉国家イギリスの現在の住宅事情」（一九八五年の報告書）にしばらく眼をむけることにしよう。

ベッド・アンド・ブレックファーストに居住する家族は八九％が一部屋に住み、九五％がトイレと浴室を共用している。大多数の家族は朝食つきであるが、台所の使用を認められているのは二割にすぎない。

「子どものミルクをあたためるところがありません。友だちの家へ行ってあたためなければならないのです」

「わたしたちの部屋では暖房、洗濯、乾燥ができません。家族の三分の一はコインランドリーへ行きます。そこへ行くためのバス代が高くつきます」

「おしめを洗うところがないので、高くつくランドリーを使っています」

ホステルはどうか。家族のうち三分の二は、一部屋住まい。八六％は浴室、八〇％はトイレを共用。B・Bと同じように過密でプライバシーがない。

「一部屋に三人暮らしです。狭くてものをおけません。ベッドをおくところだってないぐらいです。となりの部屋がやかましい。子どもは夜中じゅう泣きさけぶ。プライバシーなんてあったものではありません」

家族同士お互いを知らず異なった習慣を持っていることも問題を生みだした。

「台所は汚い。わたしは使ったことがありません。ここの人は汚いものをそのままにしておくのですから」

「あばらやですね。ここに入るのを他人に見られるのはいやですよ。係の人はよいところできれいだといったのに。全部洗わなければ」

「乳児にとっては汚すぎるのです。部屋は暖かいがすきま風が入るんです。ねずみやごきぶりだっていますよ」

「湿気があってすきま風もふく。お湯が出ないので風呂は使えない。壁紙ははがれ、排水管が部屋の中をとおりしみだらけ。裏庭はがらくたの山。修繕されないのは、そこが一時的な住居だからです」

ホームレスの状態は、家族の健康に影響をあたえている。

インタビューでは、住むところがなくなってから、そのことによって家族のだれかが健康に影響を受けたかどうかを聞いている。

一番多いのは精神的ストレスである。全体の三分の二、世帯主の二九％、配偶者の三八％が影響を受けたと答えている。もっとも多いのは夫婦仲の悪化。

子どもへの影響では、五分の一は良い方向、五分の四は悪い方向へ変化があったと答えている。マイナスは、不安、不和、精神的ストレス、病気、睡眠不足、食欲不振などである。

がっていた」

ドノバンさんは、

「三人の子どもについてすごく心配して、泣きさけんで、これから自分たちがどうなるか知りた

B・Bに住む五四％は子どもが悪い方向に変化し、良い方へは四％だった。離婚して子どもといっしょにB・Bに住んでいたデニング夫人は、三人の子どもへの影響についてこう話している。

「子どもたちは人見知りするようになったわ。子どもたちはいつもしかられているのよ。それで他人をこわがるの。遊ぶ場所のないことが、子どもたちをこうしたのですわ」

「娘は以前のように外では遊べないのです。危険が多くてエレベーターでおりることができないのです」

ホームレスは、しばしば生命の危険にさらされながら生活している。

ジョージ一家は三×四メートルの寝室を五人で使い、二つのベッド、子ども用ベッド、長椅子、化粧台、石油ストーブがつめこまれていた。ルイス夫人が赤ん坊の食物をつくっているとき煙のにおいを嗅ぎ、ベッドルームが燃えているのを発見した。黒煙のなかを子どもたちを助けるために飛びこもうとしたが、煙で押しもどされてしまった。ガーフィールド三歳、ソニア二〇カ月、カロライン六カ月、一酸化炭素中毒であった。検死官と医者は「部屋が広ければ避けられた事故」と報告した。消防署員はベッドルームの家具が多すぎる、石油ストーブがベッドから五、六〇セ

ンチメートルしかはなれていなかったことを指摘した。

最後にホームレスの状態はどんなふうだったか、とその経験を聞いている。

三三%は次のような極端な言葉を使っている。

「おそろしい。悲惨。痛ましい。悪夢。地獄。ぞっとする。破壊。傷。疲れきる」

「何をするにも不安だった。でも何から手をつけてよいかわからない。ただ座りこんで何をしたらよいか考えて、そしてどうにもならないってわかったんです」

ホームレスの人たちは、片親だけの家族が四三%、少数民族の家族が三九%。残りの家族は低所得層で、その五六%は失業中であった。この調査は子持ちの家族が対象であったが、その四一%は世帯主が二五歳以下という若い家族であった。

調査は結論として「人間らしい住居を用意し家庭における圧迫をとりのぞくことで、彼らが社会福祉や国民健康保険の重荷となる部分をとりのぞくことができる」と書いている。

自分の権利を知ろう

一九七七年、シェルターの活動が実ってホームレス法が成立した。ホームレス法とはどんな内容の法律か。シェルターは「自分の権利を知ろう！」というわかりやすいパンフレットをつくってそれを紹介している。

――ホームレス法によって、各自治体には家のない人あるいはそうなるであろう人を援助する法的な義務があります。この小冊子はその手引きです。

――ホームレス法は〝家のない人〟を次のように決めています。

＊占有する権利のある宿泊施設を持たない者
＊家はあるが、そこに住む者から暴力の恐怖にさらされている者
＊緊急事態のための施設に住んでいる者
＊いっしょに住むところがないために別々に暮らさざるをえない者

これらに当てはまるか近い将来そうなりそうな者にたいし、自治体は援助しなければならない。

――法律では「優先される必要」のある人びとのグループを定義しています。

＊一六歳以下、あるいは一九歳以下で学校に通っている、扶養家族を持つ者
＊妊婦
＊火事、洪水、その他の緊急事態で家をなくした者
＊社会的弱者。「弱者」は自治体の決める次の者をいう。重病患者、精神病患者、心身障害者、定年退職者、定年予定者、健康のすぐれない者

自治体はこれらのグループの人びとおよび彼らと日常生活を営む者の家を探す義務を負っています。

――家がないか近い将来なくしそうなばあい、自治体の「ホームレス・パーソンズ・セクション」へ行きなさい。自治体があまりあてにならないようでも諦めてはいけません。あなたには援助を受ける権利があり、自治体には援助する義務があることを忘れてはいけません。

あなたが家を失うことになったら、あなたかあなたと日常いっしょに暮らしているだれかが次の「地域的結びつき」のある自治体へゆきなさい。

＊去年のうち六カ月間、あるいはここ五年間のうち三年間その自治体でくらしていた
＊過去にその自治体の地域に住んでいたことがある。たとえばその地で育ったなど
＊その自治体の地域で居住していたことがある
＊その自治体の地域で定職についている
＊近しい親族をその自治体の地域内に持っている。両親、成長した子ども、兄弟、姉妹などでその地に五年間住んでいる者

あなたかあなたと一緒に日常生活をいとなむもので、これらの条件のどれかを満たしているばあい、自治体に申し込めば、自治体は援助しなければなりません。

あなたが何らの「地域的結びつき」もないときは、彼らはそれのある自治体と連絡をとり、あなたのことを依頼するでしょう。これらの手配が他の自治体によってなされているあいだ、あなたのいるところがなければ、自治体は一時的な住居を用意しなければなりません。

――あなたが自治体に援助をたのむと、自治体はあなたに家がないか、切実な状況かどうかをチェックします。そのときあなたは嘘の申告をしたり大事なことを伏せたりすると起訴され、五〇〇ポンド以上の罰金をとられます。

ホームレスとは何か

だがシェルターは、このホームレス法に満足しているわけではない。第一に、だれがホームレスなのかといなおす。そしてホームレスとは次のように考えるべきだという。

（1）野原や廃車の中で暮らす家族
（2）不良住環境の中で暮らす家族
（3）過密の中に住む家族
（4）別れてばらばらに暮らす家族
（5）低収入で暮らす家族
（6）物的な危険のもとで暮らす家族
（7）トイレ、湯沸しなどの基本設備のない家に住む家族

「多くの役人たちの目には、これらの者はホームレスとは映っていない」
「ホームレスや貧乏人たちが社会から孤立するのは、彼らの持っている問題の程度や緊急性が一

般に知られていないからである」

ホームレスにたいしてなすべきことは、家族の生活に最低限の食物や衣服が必要なのと同じように、最少限必要な住宅の条件を保障することである、とシェルターはいう。

第一は、個人や家族が、平和で安全を享受でき、社会の偏見や重圧から解放され、精神的にも肉体的にもすくすくと育つ場であること。

第二は、過度の重圧と競争社会に生きているわれわれが生き残るには、休養とリラックス、そして精神的・肉体的スタミナが必要である。住宅はその土台である、と。

社宅からの自由

社宅（給与住宅）は、一般に日本より少ないというものの、ヨーロッパ諸国にもある。しかし社宅や官舎は住居の形態としてさまざまの弊害をもっている。社宅にはどんな矛盾があるのか、ということをシェルターが調査し報告書を出している。その概要を紹介しよう。

「一九七六年の国勢調査では、イギリス全体の家族の四％、約一〇〇万世帝が社宅に住んでいます。（一九八八年現在、日本は四・一％）そのうち四〇万は公共団体、四〇万は民間企業、二〇万は自営業（たとえば飲み屋の二階に住み込む）にはたらく人たちです。業種別に見て多いのは炭鉱、飲食業、ホテル業、地方自治体、医療機関、農業関係です。

社宅の利用がつづくのは住宅不足のあらわれです。雇主が従業員をあつめるさいに、社宅を(ゴキブリをあつめるのと同じ)誘引剤として使用できるという事実は、従業員が社宅を受け入れる以外に道はないと考えるからです。良質で安価な住宅の供給さえあれば、社宅の利用は減少するはずです。

社宅は一種の落し穴です。いったん社宅に移り住むと、多くはそこから出られない。社宅の居住権については法律上の保障がありません。だから職を失うことは、すなわち家をうしなうことを意味します。つまり多くの人びとは借家人でなく、奉公人が住まわしてもらっている状態なのであり、主人の気まぐれで追い出されるのです。

多くの人びとにとって社宅ははじめのうちは魅力あるものです。それは安価で適当な大きさがあります。しかし何年か後、現在の仕事に飽きて転職しようにも、賃金は安すぎるし家は見つけられない。転職をすれば多くの家族は次々と不幸な目にあいます。

社宅はまた、より高給、より良い労働条件の仕事を探している人びとにとって落し穴となります。家を失う恐怖が、低賃金と貧しい労働条件に甘んじるという事態を生みます。給料の値上げの交渉がやりづらい。その証拠に、社宅の普及しているホテル業、飲食業、サービス業、病院などは給料の安いことが当然となっています。実際、賃上げや労働条件改善を求めるストライキが起こったばあい、社宅は非常に危険な武器となります。

たとえばホテル産業はイギリスではもっとも利益を得ている産業ですが、労働者の賃金はもっとも低い。このような状況のもとでは当然、労働組合の団結力は弱い。ホテル業や飲食業の労働者の中心は社宅に住んでいる人々であり、社宅は若い人たちを低賃金の産業にあつめる誘引剤になっているからです。

このように給与住宅は本質的に不十分な住宅の所有形態です。それは雇用とむすびついており、けが、病気、退職といった仕事をするうえでの障害を持ってしまった人にたいして容赦はありません。社宅の住人は住宅としての魅力によって住んでいるのではなく、低家賃住宅不足への絶望感ゆえにこういう状況に甘んじているのです。

シェルターは、こうした給与住宅を極力削減し、余裕のある住居費で住宅を保障するような供給形態に変えていくべきだと信じます」

西ドイツにもかつてはたくさんの給与住宅があった。しかし現在はシェルターが指摘するのと同じような理由から労使双方が敬遠し、減少している。給与住宅は、経営者にも負担になる。労働者にとっては社会の人間関係がそのまま持ち込まれ好ましくない雰囲気が出ている。移動を拘束されて会社をやめると出ていかねばならない。こういう理由で現在西ドイツでは社会住宅の一環として給与住宅が供給されている。社員の住宅を確保したいと思う企業は、社会住宅を供給している住宅企業などに出資をする。そのかわり何戸かの住宅を優先的に割り当てられるというもので、退職しても出ていく必要はない。フランスも同様であることは第三部でのべる。

空家占拠運動の論理

一九六〇、七〇年代、旧西ドイツとならんでイギリスでも空家占拠運動が全国にひろがった。空家占拠運動は住宅問題にかんする急進的な活動家、ロン・ベイリーがはじめたといわれる。ベイリーは一九六四年以来、イギリス各地のホステル——家なき子の家を訪ね歩き、その憂うべき実体をつぶさに見てまわった。そしてベイリーは政府の住宅政策の貧困を告発し、その改善を求める運動に立ちあがったのである。

「ロンドン・スクウォッターズ（不法占拠）・キャンペーン」を組織し、空家占拠を大々的に開始した。

最初、彼らは空家のまま何年も放置されている公営住宅を見つけてきて、家主から立ち退きを迫られている夫婦や狭い公営住宅で家族全員がいっしょに生活できず両親と子どもが離ればなれに暮らすなどしている三家族を、そこに住まわせた。集会やデモをおこない、チラシをまき、空家占拠への関心を高めようとした。それがマスコミの注目を集め、キャンペーンは成功した。

むろん法的には非合法なものである。

立ち退きをめぐって自治体との闘争がはじまった。暴力的な執行吏との攻防戦では、双方がへルメットや盾で武装し、煉瓦や空きビンや石を投げ、鉄の棒やオノでなぐるという野蛮な行為が展開された。執行吏は裁判所の明け渡し令状を持たずに追い立てを執行した。空家占拠者や彼らを支援する大勢の人びとは傷つき、留置所の出入りを繰りかえした。はげしい実力行使をともなう彼らの訴えに、やがて新聞、テレビ、世論が味方につき、数多くの団体がキャンペーンに参加した。そして自治体と交渉を重ねた結果、自治体は正式の公営住宅を割り当てるまでの期間の臨時住宅として、空き家になっている公営住宅を家のない人びとに、無料または週二、三ポンドの低家賃で提供しはじめたのである。

福祉と住宅改善を要求する火の手はロンドンからイギリス中に燃えひろがった。空家占拠の情報やアドバイスのサービス機関がさまざまな形でつくられ、大勢の人びとがたやすく空家占拠者になれるようになった。しかし、順調に拡大に向かったわけではない。爆発的増加を示した空家占拠の数は所有者との対立を深刻化させ、すくなからぬ社会不安をまねいた。そして、空家占拠を防止する刑法が、一九七七年施行されるにいたった。新しい刑法の導入によって空家占拠は減少の傾向をたどったが、住宅政策の後退に反発して一九七九年再び増加した。しかし、一九八三年、サッチャー内閣はこれをさらに抑制する新しい法律をつくった。

空家占拠運動にとりくむ人びとの論理を整理すると次のようになる。

第一は、住宅は生活の基盤であり、適切な住居なくして幸せな生活を営めない、それゆえに自分たちの行動は決して不当なものでないことを、住居をとりまくさまざまな情勢の細かい分析をつうじて確信し主張する。

第二は、不良住宅地区の改造、道路計画、再開発計画のため、あるいは住宅の改善や修復待ち、住みかえのあいだなどの公営住宅が、相当の期間空家になっている。占拠者たちはそれを一時的に開放すれば、住宅難に応えうるという。

第三は、不動産投機家にたいする反発である。七〇年代のはじめ住宅価格が上がり、多くの地区で低所得の借家人が家主に追い立てられた。再開発や修理をもくろんで広大な地域を買い上げる大規模な再開発不動産屋が登場してきた。空家のままで価格の上がるのを待ったり、買い上げた家屋をできるだけ長く空家にしておくことによって、周辺のコミュニティを崩壊させ、不動産価格の低下をねらう投機家が存在した。

占拠者たちは、こういう空家を占拠し修繕して住みつき、再開発投機家に対抗したのである。一九七二年から七三年にかけて投機家たちに対抗する運動がロンドン各地で頻発した。

これにたいし自治体と政府は次のような対策をとった。

時のヒース保守党政府(一九七〇~七四年)は開発利益にたいする課税措置(一九七四年歳入法案)、ビル遊休化にたいする懲罰的重課税 (一九七四年地方行政法) の立法化。さらに一九七四年以降政権を担当した労働党政府(一九七四~七九年)は、遊休貸しビルの強制買収権限(一九七五年公有化法)

を制定した。

一九七〇年代前半は、空家占拠運動が投機家にたいして公然と挑戦を挑んだ時代であり、保守、労働の両政府ともに、当時の世論を反映した立法をおこなったのである。

住宅困窮者をどう救うか

一九八七年一〇月、「ホームレスをなくす」ことをテーマにした国際居住年に、日本の市民運動団体が中心になってシンポジウムを開いた。そのとき日本にやってきたシェルターの研究員レス・バロー氏から、一晩京都でゆっくりと話を聞いた。ロンドン市内にあるシェルターの本部等には三度訪問したが、こんどがいちばんゆっくり話ができた。

彼はわたしの質問に答えながら、シェルターをはじめとするイギリスの住宅運動の性格についてこんなふうに話してくれた。

「シェルターは、基本的には問題の解決されない個人を対象にした運動です。住宅に困っている人たちは住宅援助センターやシェルターに行かない、行けないことが多いから、状況がわからず実態が把握できないのです。

個人で自治体に行っても拒否され、それでホームレスになるのです。

住民のなかには、社会的補助制度があるにもかかわらず、またその権利を持っているにかかわらず、それを使うことを知らない人が多いのです。住宅援助センターはその人たちに権利を知らせるキャンペーンもしています。

同じ地域の自治体やほかの社会福祉団体があつまって討論したり、自治体といっしょになって地域の改善、あるいは国土全体のレベルの問題解決にまでとりくむ目的を持っています」

「労働組合はわたしの国でも、いまは住宅に興味を持ちません。労働条件の向上が役割という伝統的考えがいまもあります。シェルターと労働団体との関係はいままでのところ成功していません。基本政策に住宅を入れてもらうようたのんでいるのですが、うまくいっていません。組合員の人たちと密接な関係をつくろうとしているのですが」

「労働組合は国のレベルでは住宅政策にかかわっていないが、地方のレベルではとりくんでいます。シェルターは労働組合団体との連携を重視しています。シェルターのような組織が労働組合や一般市民に住宅問題の重要性を説くことはイギリスの伝統であり、コンセンサスであり、だれもが問題意識として持っていることです」

「人権意識が後退しているサッチャー政府のもとで、いかにして住宅が権利であることを国民にアピールするかが問題です。一九六六年のテレビ番組〝キャシー・カム・ホーム〟（後述）がホームレスをとりあげ社会にインパクトをあたえた、あのときの運動のエネルギーをどうとりもどすかが、いまのわたしたちの課題です」

「シェルターのメンバーはほとんど大学出身ですが、出身にかかわらず半分はミドルクラス、半分はワーキングクラスの意識を持っています。イギリスでは学者が運動家とかかわるのに抵抗を感じます。こんど日本に二人の住宅運動家、二人の学者が来ましたが、この二人の学者に会ったのは初めてです。在日中も主催者の行事以外はすべて別行動でした」

——活動資金はどのようにしてあつめているのですか。

「年間一二〇万ポンド要ります。（一ポンドは約二五〇円）一般大衆から直接お金が来るほか、毎年二五万人にたいして寄付をしてくれという手紙を出します。手紙にはホームレスの人たちに送ってほしいとか子どもの写真を入れると、同情心が湧いて良い結果を得ます。

二万人ぐらいには報告書を送り金をつくります。住宅事情の調査プロジェクトなどを実施するときは特別の募金アピールを出します。最近、全国の自治体の議員に手紙を出しました。二、三％の人からお金が来ると考えています」

「寄付金の多くは二、三ポンドですが、毎年五、六万人送ってきます」

「シェルターには七、八〇人の議員が参加しています。労働党との関係が強いですが、保守党の議員も運営に入っています。保守党のなかにもリベラルでサッチャー首相に反対している人がいるのです」

——住宅問題への大衆の関心をひきおこすには何が必要と思いますか。

「悪い居住状態にある人びとのことを多くの人に知らせることです。わたしたちの経験では大衆は自分の住宅問題を自覚することがむずかしいのです」

「日本人の認識をどうたかめるかは、正確な情報を詳細に提供することが必要なのではないでしょうか。住居との関係をいろんな事例によって明らかにしていく。たとえば住環境が健康や人間形成、人間関係にあたえる影響などについて。

一九世紀、イギリスでは多くの医師が住居の状態と健康にかんする調査にとりくみ、住宅政策や都市計画を発展させる原動力ともなりました。だが現在のイギリスの医師は保守的で、住居に関する資料を提供もしないし調査もしない。その点、一九八七年に日本の開業医団体が疾病と住居に関する『住宅環境調査*』にとりくんだことはすばらしいと感心します」

いつかロンドンで再会することを約束して、夜の京都をはなれた。

*全国保険医団体連合会と著者の研究室による共同研究。小泉英雄「健康のための住宅読本」(岩波ブックレット、一九九〇年)、早川和男・岡本祥浩『居住福祉の論理』(東京大学出版会、一九九三年)。

第六章 〝キャシー・カム・ホーム〟

住宅問題へのとりくみはむろんシェルターだけではない。報道機関・マスコミによるキャンペーン、人権擁護センターの相談活動、野党による告発と政策提言、広汎な市民運動・住宅関連団体の活動……がある。

BBCの活躍

一九八四年六月三〇日ロンドンに着いた夜、イギリス国営テレビ局BBCは「ホテル・ピープル」と題して、住宅難ゆえに安ホテルの一室で暮らさねばならぬ家族の実態を二時間にわたり放映した。久しぶりのロンドンが早速、歓迎してくれているように思えた。翌日、そのホテルを見学に行った。「ハウスホテル」とある。外から見ていただけでは想像もつかない生活がこの中でくりひろげられているのだと思うと、胸が痛む。

テレビによる住宅難の告発は執拗である。

なかでも一九六六年一一月一五日、ＢＢＣテレビが〝シェルター〟の協力でつくったホームレス家族についてのドキュメンタリー・ドラマ「キャシー・カム・ホーム」を放映したとき、イギリス国民は一時間余のあいだ、この番組に釘づけになった。

一本のテレビ番組が、住宅問題の現状とその解決の必要性をうったえて、イギリス全土をこれほどセンセーションのルツボにまきこんだことは、かつてなかった。

ストーリーは次のようなものであった。

キャシーはロンドンへのヒッチハイクの途中、郵便配達夫と出会い結婚した。やがて赤ちゃんができたが、キャシーの夫は配達車がひどい横すべりをして投げ出され、重傷を負った。キャシー一家は汚いアパートに移り住んだ。その後、キャラバン廃車置き場、ホームレスのための宿舎を転々とするが、そこからも追い出された。

そして最後にキャシー一家は離散した。

Ｊ・サンドフォーズは、ドラマのシナリオをこうしめくくっている。

そのあいだ、彼女は子どもたちをまもるために闘う動物のようであった。

だが悲鳴のなかで子どもたちは施設につれ去られ、彼女は屈伏した。

そして彼女の慟哭と嗚咽は終わった。

よろよろと椅子から立ちあがったキャシーは、オールナイトのバーに足をむけた。

四ペンスを払ってお茶を一杯飲んだ。

あとには一ペンスが残った。

イギリス中が憤慨した。もしこのような破れ目がこの福祉国家に存在するならば、だれが責められるべきか。

労働党は、一三年にわたる保守党の行政を責めた。

保守党は、社会主義者が政権をとっている自治体を責めた。

左翼政党は、住宅不足を喰いものにして利益をあげている資本主義システムを責めた。

右翼政党は、計画の許可制と家賃統制のせいだとソーシャリズムを責めた。

住宅担当大臣アンソニー・グリーンウッドは、舞台となったバーミンガム市の責任者に調査を命じるとともに、談話を発表した。

「この映画の内容はでたらめである。視聴者の心を毒するものである」

だがBBCは二度にわたり全国放映し、全世界から喝采を浴び、賞を受けた。

キャシーを演じたキャロル・ホワイトはハリウッドへひきぬかれた。

ＢＢＣテレビ「ホテル・ピープル」の舞台となったホテル。放映の翌日早速見にいった。

わたしはこのテレビドラマ（ＮＨＫはいちど放映したという）を視ていない。だがその反響を見るに、イギリスの住宅問題の状況を描いてよほど迫真に満ち、共感をよんだのであろう。後のホームレス法案の成立にも影響をあたえているにちがいない。住宅問題はたいてい、個人の問題として個別的に現われる。そういう個々のケースを拾いあげながら、全体としてはそれが社会問題であることを明らかにしていくにさいしての、テレビというメディアの果たす役割の大きさ、わかりやすく人びとの心に訴える構成、それに何よりＢＢＣスタッフの問題認識と意欲に感嘆する。

シェルター創設者の一人デズ・ウイルソンは、キャシーのその後に想いをはせる（ウイルソンは一九四一年ニュージーランドの生まれで、一九六〇年イギリスに移住。シェルターの専従を務め、六七年最初の会長になった。八六年自由党議長。情報自由化キャンペーンの議長として八七年二月来日した）。

——キャシーに何が起こったのか？

——彼女はどこへ行ったのか？

——彼女はいまどこにいるのか？

——わたしの推測では、大騒ぎをしたにもかかわらずキャシーはまだホームレスである。なぜならイギリスの住宅問題はむしろ悪くなっているからだ。

——もしキャシーがロンドンにいたとしても、不十分な部屋と台所、浴室もお湯もでないところに泊まっているだろう。

　キャシーと夫のレッグと三人の子どもたちは、いつかは再びいっしょに帰ってくるだろう。しかしそのときは過密で汚いスラムの中で家族として生きのびるために闘っているだろう。

——キャシーはまだ二〇歳代なのにすでに老人に見える。彼女は無表情で無気力である。彼女の皮膚は不健康で、神経は、湿気ていて暗く過密な部屋で子どもたちをみなければならないストレスで傷ついている。

——彼女はまた、いつ立ち退き要求がくるか、いつ建物が壊されるかと恐怖のなかで暮らしているだろう。

——彼女は、夫が仕事から帰ったとき、子どもたちの面倒をみてくれるように期待しているだ

シェルターのポスター

ロンドン市内のニューハム人権センター（外側と内部）

ろう。だが彼は、過密住居の中での緊張の夜を逃れて、外を彷徨きまわり、貴重な金を飲酒に使っているだろう。彼も疲れているのだ。半病人なのだ。まともな睡眠時間をとれないのだ。

——子どもたちは、学校へ行くにはまだ幼く、室の中で遊びまわっているだろう。夜ときどき、一つのベッドで寝つかれない三人の子どもたちは、キャシーと夫が愛しあっているのを見ているだろう。

——もしキャシーが「ホーム」に帰ってきても、それは「地獄へのホーム」だ。

——悲劇である。だが実際の悲劇は、彼女の物語が例外でないことだ。ロンドン・シェルター住宅援助センターに駆け込む家族たちの疲れ果てた顔がそれを物語っている。失望の手紙、電話もそうだ。

そしてウイルソンはこううったえるのである。

「あなたがたはホームレスを援けることができます。マンパワーでもお金でもよい。あなたの行動が問題の解決に寄与するのです」

住宅問題にとりくむ人権センター

下町のイズリントン区にある「ニューハム人権センター」を訪ねた。

来所者は最初に何を相談にきたのかを記入させられる。事故、消費者問題、犯罪、負債、差別、雇用、教育、家族、火事、移民、法律事件とならんで、住宅問題一般、住宅修理、住宅基準の三項目がある。わたしが訪れた日はちょうど「住宅人権月間」の最中で、壁にはその行動予定ポスターがかかっていた。なかに入ると親子づれの黒人が相談にきている。弁護士が二人常勤している。イギリスでは、住宅は人権問題の一環になっていることがわかる。

既存住宅の修理・改善は現在のイギリスの住宅政策の中心になっている。一定水準以下の住宅を自分で改善しようとするばあい、政府は必要な資金の五割から七割を補助する。

人権センターは『住宅点検ハンドブック』を発行し、自ら家を点検し補助金を申請しよう、と呼びかけている。住宅の屋根と壁は雨、風、雪、日射しを防ぐ。屋根と壁は室内の気温を一定にたもち、防火、断熱、防音の役割を果たす。壁と床は吸音、防火、地下からの湿気を防ぐ……といっ

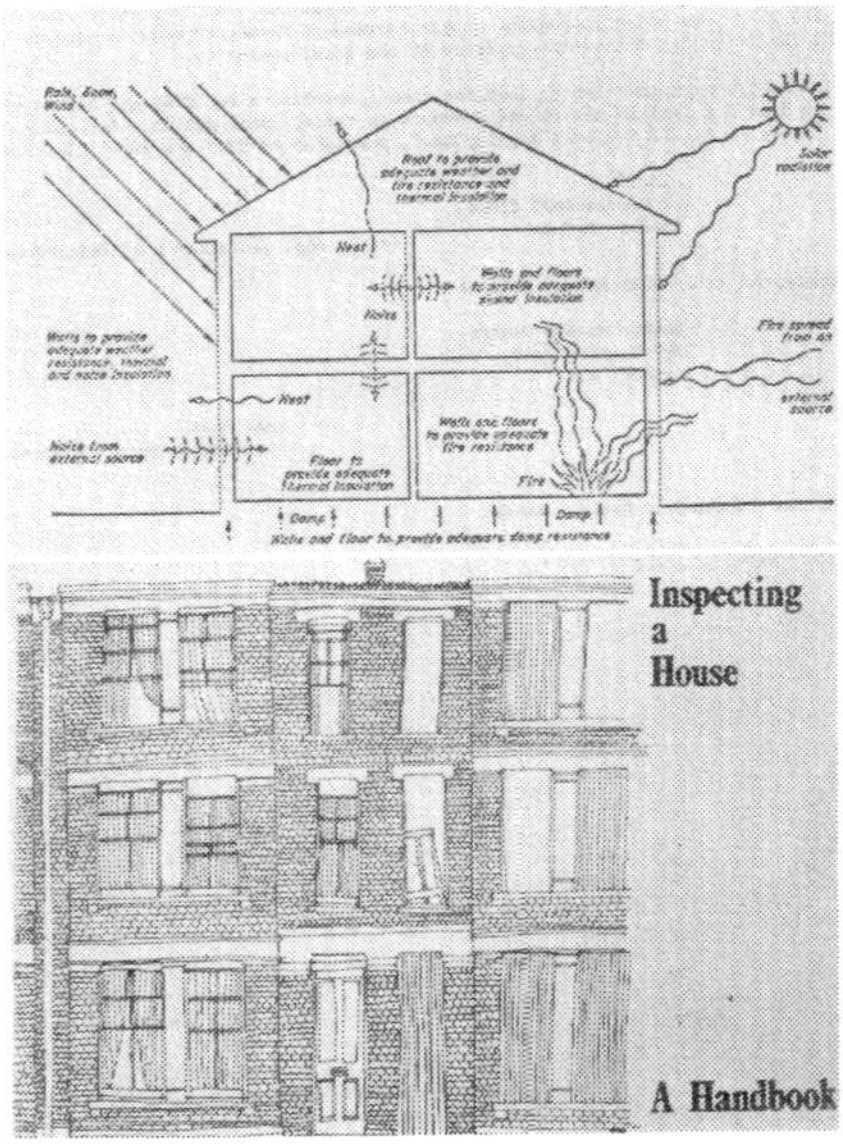

ニューハム人権センターがつくった
『住宅点検ハンドブック』

た内容が図解入りで解説されている。

住宅問題にかんする面白い会合があるから来ないか、とロンドン大学のステファン・メレット教授が電話をかけてきた。メレット教授は経済学者だが、建築学部で土地・住宅政策を講義している。集まりは「住居にかんする政治経済グループ」によるもので、一九七四年からはじまり、三カ月に一回集会を開いているという。公民館の会場にいくと五〇人ほどあつまっている。三分の一は女性である。コミュニティ・ワーカー、大学講師、住宅行政を担当する環境省の役人、建築家などが来ている。

「住宅問題を議論すること、住宅政策を改革することがこの会の目的だ」と世話役の女性が説明してくれた。

その日のテーマは、〝住居における女性の権利〟〝母子家庭と公営住宅〟〝女性から見た住宅デザインの展望〟など、すべて女性と住居にかかわっている。ヒゲモジャの男が口角泡をとばして女性と住宅問題の関係を議論している風景は日本ではあまり見られないのでは、とふと思った。

イギリス労働党「住宅政策宣言」

このメレット教授の紹介で労働党住宅政策委員長のフランク・アーロン氏に議事堂屋上のテラスで会った。目の前にビッグベン（時計塔）が見え、眼下にテームズ河が流れている。

「昨日、国会議員七〇名が環境省へデモをしました。要求は住宅財政の改悪・住宅予算カットへの反対、公営住宅家賃の値上げ反対、住宅金融の利子を引き下げること、公営住宅の払い下げ反対です」

――効果はありますか。

「聞く耳を持たないでしょう。だが、何もしないでいるわけにはいきません」

――労働党の住宅政策はどういうプロセスをへてつくるのですか。

「まず地方議員から意見が上がってきます。地域によっては公共・民間のテナント・アソシエーション（借家人組合）とも協力します。いま建設労働者の不足が問題になっています。その一方で多数の失業者がいます。建設労働組合とも協議しています。住宅政策で重要なのは、どれだけ投資するかです。多くの人は金がないから補助が減ると考えていますが、軍事費を減らして住宅予算にまわすべきです。人間の生存にとって基本的なものは住宅と仕事です。住宅政策は選挙の中でもっとわかりやすいものです。これからもこの二つを訴えていきます」

労働党の考え方についていては、次の一文に目をとおすのが近道であろう。

労働党は住宅政策の論議をすすめるために、現在のサッチャー政権が労働党政権に代わったら何をするかという「労働党・住宅政策宣言（案）」を出した。

「イギリスはいま最悪の住宅問題に直面している。この危機は、国民の住宅需要を満たす責任を放棄した保守党によってひきおこされたものである。彼らはわれわれの警告を無視し、住宅にかんして一九一八年の政府以来、最悪の記録をつくった。

自治体の住宅建設は後退させられ、労働党政権下で年間十数万戸（一九七五年一五万戸）だったものが数万戸（一九八九年一万六〇〇〇戸）になっている。

民間借家人の居住権の安全性もおびやかされだした。持家居住者は記録的な固定資産税に悩まされている。住宅困窮者がこんな悪い住宅事情に直面したことはかつてなく、その数は毎日容赦なくふえている。

次期労働党政府は、この保守党政府の逆をいく。つまり国民の住宅問題に根本的にとりくむだろう。われわれは借家人をたすけ、持家層も同時にたすける。何よりもひどい住宅に住まわされている人や家のない人びとに、人間にふさわしい家を用意する。住宅は労働党政府の最優先政策の一つになるだろう。

民間部門は住宅事情を満たすのにまったく無力であることがわかった。

したがって公共部門におけるわれわれの政策の基礎は、地方自治体による住宅建設を十分にふやしていくことである。すべての地域で要求が解決されるまで休むべきではない。われわれは地方自治体の住宅政策を発展させるために、より多くの裁量権を彼らにあたえよう。その地域での住宅政策需要を満たしうるよう、すべての地方当局が行政権限を推進できることを保障する。すべての地方自治体に、住宅問題を解決するための住宅政策をつくって発表することを義務づける予定である。

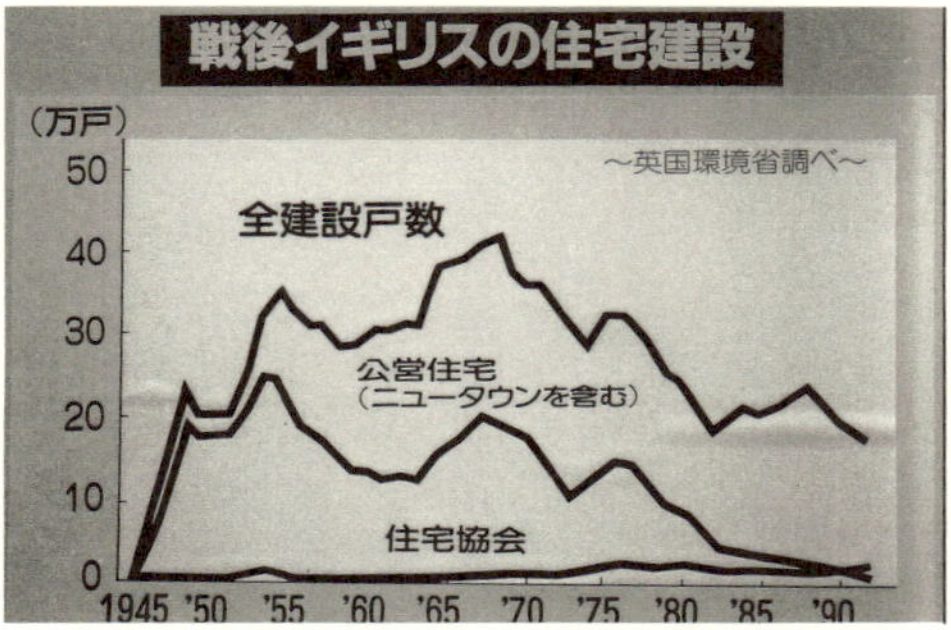

老人だけでなくすべての世代の単身者にたいし、単身者用に建てられた適切な住宅を用意する。

家族の要求に見あわない住宅の居住者は、適切な住宅に住みかえさせる。コミュニティのなかで拒否され差別されている貧しい人たち、前科者、放浪者などすべてのカテゴリーの人たちも彼らの要求を満たす住宅政策の恩恵を受けるだろう。

そのような計画をすすめるための財源として、補助金と負債許可を地方自治体にあたえる。その額は、公営住宅の家賃を不必要にあげることを避けるのに十分なレベルでなければならない。保守党政権のもとで値上がりした家賃は適正な家賃にもどさせる。公営住宅ストックの改善・近代化とともに、生活環境の改善に着手する。

労働党は公共住宅居住者を恩恵主義的な住宅管理から解放し、借家人の権利を法律のなかにもりこむ。住宅管理と修繕サービスは、借家人にとってわかりやすい効率的なものに変革する。借家人には彼ら自身の家を管理する権限をあたえる。

公共住宅の発展を再び促進し、公共住宅政策を検討するための借家人委員会の設立、家族の都合や転勤のための公営住宅居住者の自治体間の交換、自治体が適切な修繕や維持管理をなしうる助成システムを確立する。

住宅サービスを総合的に発展させるとともに、そこではたらく人の訓練機関を設立する。住宅ストックの有効利用をはかり、公共住宅の効用をより大きくしていく。

自治体にたいし公営住宅のストックを売るようにしむけているサッチャー政権の一九八〇年住居法はただちに廃止させる。公営住宅の払い下げは許可しない。売却された住宅を買い戻す資金を保障する。

家主の権利を強化した一九八〇年住居法の規定は廃止する。持家、借家をとわず便所・風呂・台所のない住宅の改善、地域の環境改善に対する補助システムを引き上げる。民間借家を買い上げ改善し公営住宅にしていく政策を漸次すすめる。持ち家取得のさいの免除税制は高収入者にとって有利になっているので段階的に廃止し、公正なものに改めていく――」

「住宅人権法案」の制定を求めるキャンペーン

一九八七年の国際居住年を機会にイギリスでは一八の団体が結集して、「住宅人権キャンペーン」を展開した。参加団体は、黒人婦人住宅グループ、イギリス難民協議会、イギリス青年協議会、住宅援助センター、コミュニティ権利プロジェクト、黒人住宅組織連盟、ホームレス・アクション、全国借家人組合、全国住宅連絡委員会、全国学生同盟、民間借家人組織、サイモン・コミュニティ、シェルター、ロンドン・シェルター（ＳＨＡＣ）、ヤング・ホームレス・グループ、ユース・エイドなどである。

このキャンペーンは、住宅を人権として保障する「住宅人権法案」（一九八七年）の成立を求めているのである。彼らはまず、人びとの住宅への権利は次のようにして損なわれていると、それぞれの住宅問題を明らかにしている。

女性――女性は住宅の住み手として特別に重要な役割をになっている。一般には家庭にいる時間が長いし、住宅の安全性にかかわる問題や過密居住、未修繕、さらには貧困の問題等の影響をもっともつよく受けている。多くの母子世帯は最悪の住宅に住んでいる。

黒人――黒人は劣悪な住宅と既成市街地の貧困地区に居住することを余儀なくさせられている

ばあいが多い。黒人が、公共民間をとわず満足な住宅に入居しようとするさい、しばしば差別されている事実は枚挙にいとまがない。人種差別は、多くの黒人の安全を脅かしている。

高齢者――高齢者は老朽化した住宅に住んでいることとが多い。五〇万人以上の老人が専用の浴室あるいは屋内の便所を持たない住宅に住んでいる。老人が所有し居住している住宅は四〇％以上が不満足な状態にあり、民間借家ではさらに劣悪である。老人は明るくて、暖かくて、平屋建ての、維持管理のしやすい住宅を求めているという理解すら欠けている。

身体障害者――住宅は、伝統的に健常でない人びとの要求にたいする配慮を欠いてきた。身体障害者はどのような社会階層にも存在しているが、低所得であることが多く、障害のために特別の生活費を必要としている。適切な住宅の不足や彼らの要求にたいする認識不足によって、社会的施設に入居すべきか、両親といっしょに住むべきか、他の社会サービスに依存すべきか、それとも地域社会への融合を妨げるような住宅に住みつづけなければならないのか等について、選択の幅はきわめて限られている。

精神障害者――地方自治体は、精神的な障害者で家のない人びとを優先的に受け入れなければならないのにもかかわらず、そうしていない。「地域社会による介護」といわれる方針のために大病院が閉鎖され、患者であった人びとはしばしば何の介助もない不適切な施設に収容され、事態はいっそう悪化している。

若者——若者たちが家をはなれていくのは、彼らが成長し独立していくためのごく自然な過程である。しかし彼らのなかには家庭内の過密居住その他の事情でひき起こされる緊張等のために、やむなく家を出ていく者もいる。一方、若者にたいする住宅供給は皆無に等しい。若者たちは彼らの両親の家に不本意に住みつづけたり、むさくるしい安宿や応急的な夜間収容施設をあてにしたり、友人や親戚の家にころがり込むことを余儀なくされている。

単身者——住宅の割り当てや融資は、ほとんどが結婚した世帯や家族の要求に対応したものである。単身であることは、両親の家での生活から結婚して生活するまでのあいだの一時的な状態であると見なされている。単身の人びとは、自治体の住宅割りあて行政や融資を受けることの困難さから、高家賃で不安定で貧弱な水準の民間借家に住むか、応急的な収容施設以外には、まったく住むところがない状態である。

そのほか、「レズビアンとゲイ」「公共住宅借家人」「民間住宅借家人」「B・B（安下宿）族」「難民」「旅行者」などの住宅問題が掲げられている。

こうした国民諸階層が直面する個別で多様な住宅問題を具体的に分析したうえで、「住宅人権法案」の主旨を次のように説明している。

——この法案はすべての人びとに、安全で、居住権が保障され、満足のいく住宅に住む権利をあたえようとするものである。また地方自治体にたいして、安全で居住権が保障され、満足のいく賃貸住宅を供給していくことを義務づけようとするものである。どのような所有関係の住宅に住んでいても差別から保護され、満足のいく住居水準が守られ、住みつづけることが保障され、納得のいく住宅費用であり、居住者に関係のある諸決定に参加でき、容易に情報やアドバイスが得られるような制度を用意していくものである。——

いかに運動をすすめるか

だがそれを実現するには、広範な支持を得るための運動を組織しなければならない、と次のように提言する。

＊広範な運動

運動をすすめるには、住宅問題をかかえる人びとにはたらきかけ、参加してもらわなければならない。運動は人びとの行動を鼓舞するものでなければならない。胸にバッジをつけたり、署名運動をしたり、国会議員や地方議員にはたらきかけるなどして、地域社会で理解され支持されるものでなければならない。

＊行動的な運動

われわれは人びとが悩まされている悲惨な住居の状態を明らかにし、それを変革する方法を提示していかなければならない。劣悪な住宅、ホームレス収容施設、人種差別を許す法制度、不潔な木賃宿などを集中的に監視していくための具体的な行動を起こす必要がある。

＊情報宣伝活動

なぜ住宅問題が発生するのか、なぜ不平等と貧困が存在するのか、どのようにすれば変革できるのかという点について、新しい観点の法律、財源の適切な使用方法について、明確な提言をする必要がある。より公正でより民主的な社会を望んでいる広範な人びとの支持が得られるよう、明快な論拠を持っていなければならない。

当面の目標は、次の総選挙において住宅問題をより重要で主要な課題とさせていくことである。すべての政党の議員にわれわれの要求を支持するようによびかけていく。われわれは、次期政権の成立に際し「住宅人権法案」の成立を第一の公約にすることを要求するものである。

「福祉国家」の崩壊

イギリスの住居は、以前から決していまのような状態だったのではない。国民諸階層の必死のとりくみがつくりあげたものである。住居を人間生存の基盤、人権の基礎と見る考え方は、近代社会の人権思想によってもうながされてきたのだろうが、それを現実化するにはさまざまな分野での、ときには激しくときには地道な運動があった。その成果がイギリスの住宅政策の特長である公共住宅の供給として実った。それが「福祉国家・英国」の礎をきずいた。

だが、この一〇数年のサッチャー政権下のイギリスほど政治的変貌をとげた国はない。「揺り籠から墓場まで」といわれた福祉政策はいまや昔日の面影はない。行き場のない人びとが安ホテルにもぐりこみ、路上にはホームレスがあふれている。レーガン、サッチャー、中曽根氏らは、国民の多くをホームレスと居住不安に追いこんだ特筆されるべき人物として、おそらく歴史上位置づけられていくのであろう。

住居は生活の基盤であり福祉の基礎であるから、他の福祉政策が少々後退しても、住むところさえ安定しておれば、そして快適であれば、心身の健康と生活は維持できる。だが、それが失われたならば、他のいかなる社会保障制度も、人びとの人間らしい生存と生活を支えきれない。「貧困」克服の歴史的先駆者であったイギリスが住宅政策を切り捨てたとき、貧困は再びもどってきたのである。一九八〇年代のイギリスはそれを証明してみせたといってよいだろう。

イギリスはいま再び、「キャシー」の時代を迎えているのである。「住宅人権法案」の成立が切実感をもってとりくまれているのも決して不思議ではない。

ちなみにサッチャー政権以降の英国を福祉国家とよぶ人は少ない。

＊長い間、何度、ＮＨＫ、ＢＢＣに問いあわせても入手できなかったこのビデオテープを、ついに手に入れた。友人のバーミンガム大学クリス・ワトソン教授がたまたま家庭用ビデオに収録していたのである。本書に

のべられている反響の大きさがよくわかる（一九九一年秋）。役所の対応のしかたが日本と変わらない杓子定規であること、そして彼女の孤独の闘いも。

第三部　フランスの居住思想

第七章　ラ・クールヌーヴの反乱

一九八三年のヨーロッパは暑い夏であった。パリ郊外のラ・クールヌーヴ団地でも寝苦しい夜が続いた。この事件はこうした一夜に起きた。

眠れぬ子どもたちは団地内の広場にあつまり花火で遊んでいた。夜の一〇時をすぎても騒いでいる。

フランスの大都市とりわけパリの市内には集合住宅が多い。それがパリ市内に人びとが住むことを支え生活文化をはぐくむ土壌となっているのだが、古いアパートでは上の階や隣の物音がよく聞こえる。それで夜の一〇時を過ぎたら音を出さない申し合わせをしているところが多い。郊外の集合住宅の団地でもその習慣は持ちこまれている。またパリはふだんでも道路にむかって窓をあける習慣はない。暑くてあけるとひどくうるさい。

だがこの夜は違った。窓をあけなければとても部屋におれない。子どもは外にでるほかないほど暑かった。なかには泣きさけぶ子どももいる。みんないらいらしていた。

ラ・クールヌーヴのグラン・アンサンブル
(巨大高層住宅団地)

騒々しさに我慢ができなくなったフランス人居住者の一人が、騒ぐ子どもを空気銃で撃ち、当たりどころが悪くて子どもは死んでしまった。彼は地下鉄の車掌であった。撃たれた子どもの名前はトーフィク・ウアンヌ、チュニジアから来た移民の子であった。

フランス人の警官が調べにやってきた。だがまともに調査にとりくもうとしない。

この団地の居住者はアルジェリア、モロッコを中心とした北アフリカ人、ポルトガル人、少数のスペイン人、そしてフランス人である。一九六二年、アルジェリア戦争が終結し、アルジェリアが独立したあとひきあげてきた人びとを収容するためにつくられた社会住宅「ＨＬＭ」(適正家賃住宅)の団地である。住宅約四〇〇〇戸。〝ラ・クールヌーヴ〟またの名を「四千戸の町」と呼ばれる。居住者約一万人。パリ北駅から国鉄で約八分、ラ・クールヌーヴ駅から歩いて五分ほどの便利な場所にある。だが団地は鉄道、高速道路、工場にかこまれた、陸の孤島の観を呈している。その中に大きな広場がある。子どもたちがそこで騒いだのは、ふだんからの遊び場であり、ほかに行くところがなかったからである。

フランス人警官のとりくみの怠慢は人種差別問題として発展していくが、その怒りはやがて団地のありかたに眼をむけさせることになる。

われわれは強制的に住まわされ、商店もあてがいぶち、この地域から出るなといわんばかりである。団地を住みよくするためにわれわれに自治権をあたえよ!

ラ・クールヌーヴをわれらの手に!

こういう主張を掲げて、住民は若者を中心に騒ぎを大きくしていった。閉じ込められているということのほかに、雨漏りがする、エレベーターがしばしば動かなくなる、にもかかわらずきちんと修繕しない、というふだんからの不満もあった。それがいっきょに爆発した。

一九八三年七月一三日、新内閣が組閣された。その直後の七月二六日、ミッテラン大統領は突然この団地を訪れた。そして、小便臭いエレベーター、汚れた階段を見てまわり、住民と握手をし、話を聞いた。その翌々日の七月二八日、次のような大統領コミュニケが発表された。

「ラ・クールヌーヴの住宅改善はより高い次元の国家の問題としてとらえ、そのリハビリテーション(再生)工事に具体的にとりくむことを、HLM運動にたいして表明する。HLM運動は、本来、地域社会の居住環境発展のために国家が援助することを出発点としたものであるが、緊急かつ重要な課題にたいしては、永続的で幅の広い介入・援助が必要である。HLM全国組織連盟は、国家の住宅資産の改善と維持に必要な費用を用意する。

HLM住宅のリハビリテーションを年間二万戸おこなうための資金を数年間保障する。そのために、問題をかかえている団地を調査し改善指針を作成する」

団地の管理はパリのHLMがやっていて、廊下の電球が切れただけでもいちいちパリに連絡しなければばならなかった。それで管理が悪かった。それがこの騒動を契機に管理権を地元の市に移した。同時にこの団地の住民自治を承認したのである。

グラン・アンサンブルの悪

事件のあった翌一九八四年六月、ここを訪れたわたしは、そのあまりにも無味乾燥なコンクリートとアスファルトのかたまりに驚きの眼を見張った。
三、四〇階建ての巨大な高層住宅が、衝立てかタワーのように立ちはだかっている。長さ一〇〇メートル以上もありそうに見える（あとで一八〇メートルあることがわかった）軍艦のような巨体が横たわっている。これらのアパート群を前にして、これはまさに収容所だ、と思わずつぶやいた。そして、この騒動の背景にある居住空間の存在状態が人間の心理にあたえる影響のはかりしれなさをあらためて思い知らされた。

巨大な高層住宅群をフランス人は〝グラン・アンサンブル〟と呼ぶ。その弊害について彼らはすでに教訓を持っていた。

一九五四年、パリから一五キロメートルはなれた場所に建設された最初の団地「サルセル」は、高層住宅三〇〇〇戸、人口八〇〇〇人。居住者は、独立後アルジェリアから逃げてきた少数のフランス人を例外として、パリで耐えがたい住宅事情から逃れるために移ってきた住民であった。サルセルは都市福祉事業のひとつで、そのためにたとえ危険になるほど建築が粗末になろうとも、コストを低くしないといけなかった。緑のない、生活環境施設の乏しい町であった。保健施設も、老人のためのデイ・ケア・センターも、必要な学校も、文化施設も、商店も、公共輸送機関もなく、社会的に孤立していた。

家族はモザイクのように組み合され、隣りあって生活している。お互いの有機的なむすびつきはなく、共通の集団意識もない。プライバシーも社会生活も、すべてが危機に瀕した。

住宅が並列しかさなりあった居住集団は、一つの社会的イメージをつくった。新しい大規模住宅団地のありかたをめぐり、開発と環境の質の相互作用が議論になった。

最初の事件は一九六三年冬に起こった。建物の暖房設備工事が不完全であったために爆発し、三人が死んだ。それから二、三週間後のある寒い日曜日の午後、暖房設備が再びつぶれ、ほとんどの家を冷たく凍らせた。一九六七年には階段がつぶれ、一人が死んだ。数年後、この団地は「地獄」

となり、サルセルは社会的非難をあびた。元凶は「住宅建築テクノクラート（建築官僚）」にあるといわれた。そこにあるのは住宅を建てさえすればよいという考えであった。

「グラン・アンサンブルの悪」は、さまざまな大衆的教育運動団体や各種の協会や社会学者、心理学者によって指摘されていたのである。その教訓が活かされなかった。

『ユマニテ』一九八四年七月一一日号は、ラ・クールヌーヴの顛末を七頁にわたる特集記事とし、こう論じている。

――多くの人が窃盗で苦しみ、建物の隅でハンドバッグを強奪され、強盗にはいられている。バンダリズム（公共の器物をこわす）常習の青少年が多すぎ、抜け出せないばあいが多い。刑務所は一八〜一九歳の被疑者であふれ、彼らにたいして社会はどう対処すべきか、わからなくなっている。

――裁判の前夜、一七歳の黒人少年が一五階から飛びおりた。この若者の自殺は、ラ・クールヌーヴで五人目であった。ほかの四人は、いらいらした悲惨な生活からくる喧嘩による殉教者であった。覚醒剤を飲む若者、失望、……。

――鉄道と高速道路にはさまれた「がさつさ」、高層住宅を四〇〇〇戸もかためて建てる乱暴さ、もっとも弱い家庭のかたまりでできあがっているゲットーの粗暴さ。

——長さ一八〇メートル、高さ四五メートルの居住空間にアイデンティティを見いだすのは不可能だ。他人のアイデンティティを見いだせないのに自分のアイデンティティはつくれない。

——八つの棟に一万人があつまっている。ひとつの階段に六〇家族、二五〇—三〇〇人が集中している。そこにいる一五〇人の子どもにひとつの遊び場しかない。

——雨や氷が壁の接ぎ目に入り、表面のパネルが温度差で開いたり閉じたりしている。閉じなくなった部分から隣家の音が入りこんでくる。共同生活の条件が保障されていないのに、どうして客をまねいて食事することなどできよう。

——外傷を受けたこの町は、静けさと優しさを必要としている。呼吸をする必要がある。ラ・クールヌーヴは現状を否定せず、できるだけゆっくりと辛抱してそのアイデンティティをとりもどさねばならない。

——子どもたちは棒状の住宅を出て道をわたり学校に行く。

この団地から出たことのない子どももいる。子どもたちをゲットーから出し、町や地域を見せること、博物館、劇場、音楽に手がとどくようにすることが必要である。移民の子どもらには彼らの言葉や文化への誇りをとりもどさせねばならない。

——学校では、先生が言葉のよくできない、文化の異なった子どもたちを教えるのに疲れきっている。きれいな学校、良い先生、定員の少ないクラス、その土地での生活に合わせた学校をつく

ラ・クールヌーヴ高層住宅団地で遊ぶ子ども

るべきである。
――できればゲットーをこわすことである。団地と町をむすびつけるような道路をつくり、居住地を再建することである。建物をきれいにし、埃や汚れがつきにくくし、小さな破損も見のがさないようにメインテナンスすることである。――

住宅地のありかたがいかに大きな社会問題になったかが、この記事からうかがえる。

あとで見るように、第二次世界大戦以前のＨＢＭ（低家賃住宅）はこんなふうでなかった。どの集合住宅にも、その表情にそれぞれ個性がある。人間の生活をつつみこんでいる。それがどうしてこんなふうになったのか。

「急ぎすぎたのですよ」

と、国立人間居住研究センターのオーマンさんは答えた。

戦争で大量の住宅が破壊された。アフリカから大勢の移民が流れこんできた。その住宅を何とかしなければならない。その当時のラ・クールヌーヴには掘立て小屋、キャンピング・カーが立ちならび（一四二頁の写真）、スラムの様相を呈していた。それをこわして住宅をたくさん建てる必要があった。そういう社会的背景、歴史的な経過があった。だが、あまりにも拙速にすぎた、というのがオーマンさんの感慨である（オーマンさんとの議論はあとでのべる）。

生まれかわったラ・クールヌーヴ

一九八八年夏、四年ぶりのラ・クールヌーヴは紺碧の空に白雲をたなびかせていた。行きかう人の表情は明るく、黒人、白人の子どもたちが群がり、嬉々として跳びまわっている。八四年六月に訪れたときは雨模様でうっとうしく、夕暮れの団地は薄暗く、人通りはなかった。どうしてこんなにその表情が違って見えるのか、といぶかった。天候のせいもあろう。樹木が生い繁り、緑蔭のベンチには老人、主婦、子どもたちが腰かけて話に興じている。果物屋には色とりどりの果物がならんでいる。

だがそれ以上に、この中の何かが変わっているにちがいない。自治をえたことが住民の居住地にたいする気持を変えたのだろうか。

さして広くない団地をすみからすみまで歩いた。

果物屋でバナナをひと房買い、もの珍しさについてくる子どもたちといっしょに食べた。どの

高層住宅が壊されて中層にかわったラ・クールヌーヴ

ラ・クールヌーヴの子どもたち

子どもにも笑みがたえない。

そのうちにひとつの新しい住宅景観にゆきあたった。

ここには高層住宅があったはずだ。それがない。かわりに四、五階建ての中層アパートが四棟、中庭をかこんでいる。砂場と滑り台がある。幼児がたわむれている。傍らのベンチにはそれを見まもる母親の姿がある。

ミッテランのいうラ・クールヌーヴのリハビリテーションとはこのことなのだろう。そしておそらく住民の要望を受け入れて、二〇年余しか経ないこの巨大高層アパート群を次々と中低層の住宅に建て替えていく予定なのであろう。費用がかかってもそのほうが大事だ、と当局は考えたのだろう。

ラ・クールヌーヴの再生がはじまっているのである。

第八章　それは一人の幼児の凍死からはじまった

フランス革命と住宅

ここでフランスの住宅と政策の歴史を簡単に追ってみることにしよう。

フランス大革命の前夜、フランスの人口は二六〇〇万人、うち聖職者一三万人、貴族三五万人。一千万人近い貧窮者はシャツ一枚しか持たない主に農業労働者であった。フランス人の五〇％は住むところもなく仕事を見つけて口を濡らすその日暮らしであった。

一七八九年のフランス大革命の翌日、貴族の特権は制圧され、人権宣言はフランス人を平等としたが、現実はブルジョア階級の利益に役立つことが多かった。自由経済と工業社会の出発点に立って、ブルジョアジーの主なる構成者である地主、工業家、銀行家、商人は、新しい経済体制の基礎を固めるのに良いときだと考えていた。中小ブルジョアもこの革命の恩恵に浴し、国の経済的政治的権力を手中にした。

しかしプロレタリアートの生活はひどいものであった。

町では、労働者は途方もなく高い家賃をはらい、生活のすべもなく、夜逃げのくりかえしであった。都市人口の膨張で住宅需要はすぐに供給を上まわり、家賃は高騰した。借家人労働者の生活がどんなにひどかろうと、死ねば家主にとって幸いだった。住居についての〝必要概念〟はなきに等しく、子どもをふくめて一日一二〜一五時間はたらくこともあり、低賃金のもとでシェルター（避難所）を探すだけであった。

一八三二年にコレラが大流行したとき、惨禍をくいとめるために医者によってはじめてこれらの状態が明らかにされた。報告書によれば、

19世紀終わりごろのパリの貧民窟

「家の中は、入ってみる勇気がおありなら、薄暗い部屋で、壁は長年のあいだに真黒になっている。狭い庭の高い壁ごしの光はほとんど差しこまない。屋根と台所の排水管には汚水がたまり、悪臭がたちこめ、便器はつまり、腐った水は階段に流れだし、そこから部屋まで流れこんでいる」

庶民地区とかブルジョア地区というものは

なかった。一つの建物の中に全階層が入っている。中庭の奥には静かな貴族の邸があり、一階はブルジョア、他の階には貧しい人びとが住み、ときには屋根裏も借りていた。一軒の家はいわば小宇宙であり、都市社会の見本を示していた。

貧困層に発生した伝染病が、なぜブルジョアジーを脅かしたかがわかる。

もっともこうした居住形式はいまではしだいに減りつつある。その理由は、第一にエレベーターが発明され、それが設置されて上の階の居住条件が良くなった。通りに面した一、二階よりもかえって静かである。オーマンさんのアパートにもあとからエレベーターがつけられた。頑丈な建物の隙間につくったので一人しか乗れない。第二は第一次世界大戦後は家賃統制が厳しくて、家主は建物の手入れをしなかった。そして第二次大戦後は金融がひっぱくして家主が借家人にアパートを売ることがふえた。家を買った者は自費で暖房設備や浴室をつくるなど手を入れたので、居住性が良くなった。買えないものは郊外へ移っていった。こうしていまでは上の階のほうが居住性が良く需要も多いという。

ナポレオン三世の労働者住宅政策

このころ、さかんだった投機的動きとは別に、社会の支配的立場にあるものは、一定水準の労働者住宅を建てることにより、肉体労働者を保護しようとした。

19 世紀中葉のパリの共同住宅。エレベーター、水道はない。2 階から屋根裏にゆくにつれて借家人は貧しくなる（「IL ETAIT UNE FOIS L'HABITAT」より。151 頁、154 頁上段図、159 頁も）

フランス最初の住宅政策は、シャルル・ルイ・ナポレオン・ボナパルト（一八〇八〜七三）によっておこなわれた。一八四四年、ナポレオンはハム刑務所で考えた。（当時ナポレオンは何度目かの政府への反乱に失敗して捕えられ、終身刑の身にあった）

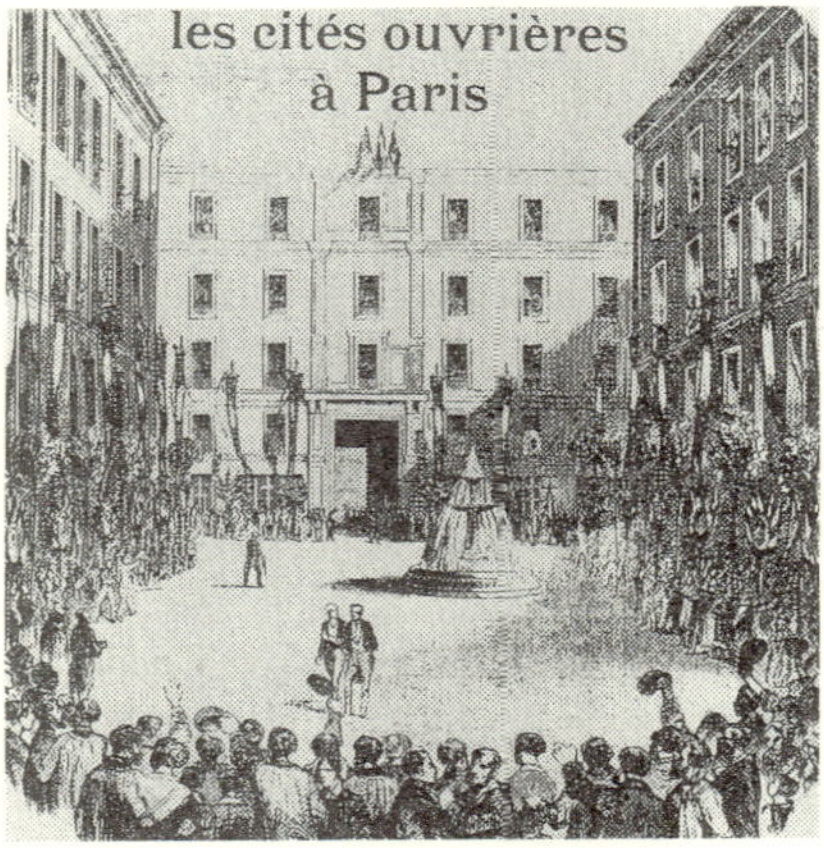

ナポレオン三世が建てた労働者共同住宅竣工式の風景。中庭から見たところ（1867年）

ナポレオン共同住宅の外観

ナポレオン共同住宅の内部

「労働者階級は何も持っていない。彼らは腕だけが財産である。その腕に有用な職をあたえねばならぬ。この階級に社会的地位をあたえねばならない」

彼は一時、シャルル・フーリエらの思想に傾倒し、獄中から失業労働者の救済を論じた『貧困の絶滅』（一八四四年）を出版したこともある。

このルイ・ナポレオンは、ナポレオン三世として王位（一八五二〜七〇）についたあとの一八六七年、初めての労働者共同住宅をパリ・ロシュアール通りにつくった。アパートはその名にちなんで「ナポレオン共同住宅」と名づけられた。五階建ての住宅に六〇〇人住み、家賃はほかよりも安く固定されていた。各階に便所と流しと給水があった。階段入口は門衛によって管理され、中庭には噴水、右手中庭の奥の建物には共同洗濯場といつも開いている浴場と託児所、そのさらに奥には小学校があった。医師は施設に直結し、毎朝無料診療をおこない、自宅にも往診してくれた。薬も同じく無料で与えられた。これらのことを文献で知っていたが住所がわからなかった。

一九九〇年七月、ついに訪れることができた。だがなかなか見つからない。バーに入って尋ねたらそれがめざす住宅であった。一階がバーとレストランになっていたのである。ロシュアール通りに沿った地域一帯がそうだという。淡いクリーム色、ややうす汚れているものの「老朽化」しているという感じは少しもない。建物中央の通路を入ると中庭になっている。静かな空間を住宅がとりかこんでいる。一四〇年前の住宅に現在も人が住んでいる。これが住宅のストックというものなのであろう。そういうことの積み重ねが街を人の住む空間にしていくのであろう。

二階に上がってみる。各住戸の窓の前は吹きぬけになっている。渡り廊下のようにして通路がそれぞれの玄関につうじている。住宅のプライバシーをまもる配慮といってよいだろう。老婆が玄関まわりの植木を手入れしている。当時の偉容さがしのばれる。

ナポレオン三世は、自己資金でもっとも不遇な人びとを救っていたのである。

同じ年、独立住宅四一棟を皇帝自身の設計でパリ第一二区ドームニル通りに実現した。これはナポレオン三世がロンドン亡命中の思い出として、英国の会社を使って建てたものである。

実現したフーリエの「社会宮殿」

ナポレオン三世も影響を受けたシャルル・フーリエ（一七七二〜一八三七）は、サン＝シモン、ロバート・オウエンとならぶ一九世紀初頭の思想家であり、ともに理想社会を追求したことで有名である。

フーリエの理想社会論は、「ファランジュ」と称する単位で、農業を基本的な産業とし、生産および消費を共同にする一種の協同組合であった。各ファランジュは一八〇〇人の組合員で構成され、一定の地域と建物（ファランステールと呼ばれる）を有する。フーリエはファランステールを「社会宮殿」と呼んだ。それは組合員の共同住宅であり、集会所であり、食堂である。そこでは個人主義と営利主義は影をひそめ、生産は社会的に統制されるから富は増大し、他方、共同的消費によって浪費が除かれると考えられた。

「共同の生活、共同の家計、共同の住宅」がそこでの第一の標語であった。

フーリエはファランジュを実際につくりたいという希望に燃えていた。晩年には、篤志家が現れて必要な資金を提供してくれるに違いないと確信し、毎日正午には自宅に帰って、ついに現れてこなかった篤志家の来訪を待ち明かした、と伝えられている。フーリエは一八三七年孤独のうちにこの世を去った。

ところが、このファランステール（社会宮殿）がギーズの町で実現していることを、パリにいるあいだに文献で知ったわたしは、パリ在住の岡省一郎さんにお願いして、急いで車を走らせてもらった。それは、もとよりフーリエ自身でなく、フーリエの信奉者ゴダンによるものであったが、それでもわたしにとっては大きな驚きであった。かつてスコットランドのニューラナークで、ロバート・オウエンが彼の理想の共同体を彼自身の手で一八〇二年に実現しているのを目の前にしたときと同じ興奮をおぼえた。

ここでゴダンという人物についてふれておこう。一八四八年の二月革命のあと、ファランステールの思想は一つの流行となった。そのころ、後にストーブの発明者となるジャン・バプチスト・

ゴダンの肖像（「Vers une Republique du Travail」より）

ゴダン（一八一七〜八八）は、錠前屋の父親の仕事を手伝うと同時に、ルソー、ディケンズ、ヴォルテールらの作品を読みあさり、フーリエに傾倒していた。若いゴダンは、報酬の分配の不公平や都市の生活状態の極端な悲惨さを克服することをいつも考えていた。

「わたしがもし労働者の地位より上になることがあれば、彼らの生活をもっと楽しいものにし、彼らの仕事を劣悪な状態から解放したいのです」

「わたしは労働者家族の藁ぶきの小屋や屋根裏をつくらないで、邸宅の中に労働者のすみかをつくりたいのです。共同住宅を将来の社会邸宅にしたいのです」

「貧しい家庭を快適な住宅に入れたいのです。住宅の条件を金持ちの住宅に用意されているようなものにしたいのです。住宅を静かで快適で心とからだの休まる場所にしたいのです」

ゴダン博物館でもらった資料には、彼の考えがこのように書きのこされている。

まもなくゴダンは独立し、ストーブの製造をはじめ、一八四五年には三〇人の従業員と一緒にエーヌ県ギーズに移った。ギーズはパリの北二〇〇キロメートル、主な交通機関や市場から遠く

ギーズ市ゴダンのファランステール（社会宮殿）。1865 年に中央棟が完成、1170 人が居住した

離れており、地下資源にも欠けていた。彼がこの地を選んだのは、拡張し易いこと、訓練を受けていないが安い賃金に不平をいわない沢山の労働者をその地方から確保できたことなどであったという。

一八六一年に従業員の数は七〇〇人に達し、まわりからは畏敬の念で見られた。その前後からゴダンは長年の夢の実現にとりかかった。一八五九年から八二年にかけて、「社会宮殿・ファランステール」の建造にあたった。それはフーリエの描いた夢をそっくり実現することであった。

一八六五年に住宅棟が完成し、一一七〇人が順次住んでいった。

フーリエの夢を現地に見る

ギーズは小綺麗な町であった。昼食をとったレストランは清潔で家庭的であった。ファランステールはすぐわかった。中央住宅棟は四階建て、まん中に時計塔がある。正面にはゴダンの銅像、その台座には彼がレジオン・ドヌール勲章を受けたと刻まれている。建物の中に入った。広い中庭をかこんで廊下がめぐり、ドアがならんでいる。太陽光線が、中庭いっぱいの天窓からさしこんでいる。若い女性と子どもの姿が見える。今も人が住んでいる。

住宅棟の向い側には低層の建物が数棟ならんでいる。中央は劇場、その両隣は学校、そして図書館、会議室。そのほか当時は遊戯室、ビリヤード、託児所、パン屋、レストラン、小売店、肉屋、鶏小屋、馬小屋、倉庫、ゴミ捨て場が建ちならんでいたというが今はない。

住宅棟の東側には室内プールがある。子どもと若者が大勢きている。ゴダンは、仕事と住まいだけでなく、スポーツ、文化、そして芸術の多様な施設をつくり、組合員たちの余暇活動を組織した。また、ファランステール住人の食料供給のために消費者協同組合をつくり、女性のための料理教室、講習会など社会活動を充実したのであった。

少し東に歩くと工場がひろがる。門は閉ざされていたが、たのんで入れてもらう。今も使えそうな頑丈な工場。ゴダンのストーブ会社は今も続いているが、製造は他でやっていて、この工場は稼動していない。ここには管理のための事務所だけがある。

図書館は「ゴダン博物館」になっている。入口でうろうろしていると、今は休み中だが見せてあげようと館長が親切に案内してくれた。ファランステールの模型、竣工当時の記念写真、ナポレオン三世の家族の絵(彼はゴダンの事業を援助したのであろうか)、そのほか、当時の状況を示す数々の品が飾られている。

ゴダンの理想と情熱が伝わってくるようであった。

後にフリードリヒ・エンゲルスは、フーリエらの理想社会論を「空想的社会主義」と揶揄した。一九世紀初頭の資本主義社会では「労働者階級」はいまだ形成されておらず、新しい社会の到来をその力に期待することはできない。理想の社会を構想しても、その実現は支配階級や社会の有力者の慈悲と博愛心に期待せざるをえなかった。理想社会実現の方法に関して、彼らは一六世紀の思想家トーマス・モアの「ユートピア」と変わるところがなかった。エンゲルスの指摘には一理があった。

だが、果たして彼らの思想と理論をそのような

ゴダンによりギーズで実現したファランステール（1865 年完成）

ファランステールの内部

「空想的」の一語をもって片づけ捨て去ってよいのか、とナポレオン三世やゴダンによるフーリエの成果を目の前にして思う。ナポレオン共同住宅もファランステールも単なる集合住宅ではない。そこでは人びとの労働や生活や社会のありかたが追求されている。その理論への賛否は別として、理想社会を構想するというような発想やロマンが、現代社会にどれだけあるだろうか。(その実現に人生を捧げるような「皇帝」や実業家がいるか)日本に帰ってから、もう一度彼らの著作をはじめから読み返し、その意味について考えねばと思いつつ、この壮大な社会宮殿の町ギーズをあとにしたのであった。

一%住宅拠出金制度

一八五一年、慈善団体による住宅供給運動が起こった。一八六七年にはパリでコーポラティブ協会が、一八八六年にはリヨン、マルセイユで住宅協会が設立された。一八八九年には企業のつくる住宅に国家が補助金をあたえるＨＢＭ(低家賃住宅)制度が発足、第一次大戦後の住宅難解消に貢献した。一九五〇年七月、ＨＢＭはＨＬＭ(適正家賃住宅)へと名前を変えた。だがフランスの住宅政策が本格的に展開するのは第二次世界大戦後からである。

一九五三年、ピエール・クーラン建設大臣によって一貫した住宅政策がはじまった。「土地政策なしに建設政策はありえない」という彼の考えから土地収用法など公権力による土地所有者への介入、郵便貯金の活用、建設業の組織化、パリ郊外の建物の分散の必要性などがとりくまれた。「肝心なのは企業が使用人の住宅のために給料の〇・五％を払い込む義務を制度化することである」とクーランは提案した。この法案は多くの批判もあったが、議会で支持された。そしてクーランの後継者モーリス・ルヌールは一九五三年八月、一〇人以上の給与所得者のいる企業（国、地方公共団体、公益法人、農業企業を除く）にたいし、前年に支払った総給料の一％を住宅建設資金としてＨＬＭに提供することを義務化したのである。それが住宅財源の一部となる。総資金の一〇分の一は移民労働者の住宅に割りあてねばならない。住宅資金に占める一％拠出金の割合は決して高くないが、一九八〇年の四・三％から八六年には五・八％へとのびている。このばあい、一％を拠出すると住宅を受けとる権利があるが、できあがったＨＬＭ住宅の割当は、会社が資金を提供するかしないかに関係なくおこなわれる。

ＨＬＭ組織は、主に家賃支払い能力のない人びとへの住宅供給の助成金の形として、一％の拠出金を受けとる資格を持った。なお拠出金は一九八六年以降は〇・七七％になった。

一％住宅拠出金の制度は、歴史的にはノール県地方で慣習化されていたのを制度化したものである。同地方では雇用者が従業員住宅を建てるために資金を集めていたのである。

二〇世紀初頭以来フランスでは、企業が使用人を住まわせる努力は、よく見られる。工場の近くに使用人の住宅団地を建てた使用者もいる。一九一八年以降は自分で住宅会社を設立したりHBMに参加する企業もあった。

HLMの住宅は、中低所得階層の家族のために建てられた住宅の大部分を占めている。一九八六年現在、HLM賃貸住宅は約三〇〇万戸で、フランスの賃貸住宅総数のうち三分の一を占める。分譲が二〇〇万戸で合計五〇〇万戸。両方で住宅全体の二五%を占める。四人に一人はHLM住宅に住んでいる。その九〇%は一九五〇年以降の建設である。

一九五〇年に完成した住宅は全体で七万二〇〇〇戸であったが、六五年は七一万二〇〇〇戸で、そのうち半数近い三五万戸はHLM住宅であった。八〇年代には五年間で九〇万戸、一年間で一四万戸ほど建っている。その中で低家賃住宅は毎年六万戸から七万戸を占める。

フランス政府刊行の「社会住宅の一〇年」(一九八八年)によると、一九七八年から八七年の十年間にフランスで供給された賃貸住宅の九四%はHLMによるものであった。持ち家建設は民間が六一・八%、HLMは三八・二%である。またこの報告書で興味深いのは住宅の原価構成である。賃貸住宅に占める一九八七年の原価は、パリ地域で土地一五・九%(全国一一・三%)、建物七〇・七%(七四・四%)、設備五・七%(五・六%)などである。

家族の多い家庭、少ない家庭、子どものいない家庭、老人、孤独な人、青少年等々は同じ住宅や環境を求めるわけでない。それでHLMは分譲より借家を多く建設し要求の多様化に対応する方針という。収入が入居時の基準を超えても出ていく必要はない。だからパリ市内の古いHLM住宅には中間層が大勢住んでいる。

だれでもつくれるHLM

それではHLMとはどんな組織か。その建設・供給組織としての性格と特徴は、

① 二人以上の人間があつまるとだれでもHLMをつくれる。

② 全体として社会運動の一環として存在する。

ということにある。車の修理工でも事業主になれる。各団体、企業もHLMを持っている。個人、さまざまな団体、企業等が低利融資を受けて公共的な性格の住宅をつくる。この方式は、住宅を建てたり経営しようとする人たちにとって、とりわけ景気の悪いとき、政府から融資を受けることができて有利なのだ。借入金を返せないばあいは、政府が肩代りする。土地は市町村の所有地を無料で貸す。私有地の上に建てるばあいは、資金面で援助する。

こうした小から大までの組織の集合体がHLMなのである。その数は全国で一、〇八〇、約六万人が従事している。

HLMは三つの種類に分けられる。

第一のグループは村・県・組合・地方財団など公共企業体で二九三。役員はボランティアが多

く、報酬はいっさい受けとらない。

第二のグループは株式会社、生産者協同組合、信託会社で六四一。株は個人、財団、商工会議所、家族手当基金、定期預金、家族協会、身体障害者の会などが保有している。ここでもHLMの規則にしたがい利益はあげられない。公的な機関の許可なしに株は売れない。個人は全部ボランティアで参加。

第三のグループは地方組織で、HLMと同じ規約にもとづいて、建設、区画整理のほか、家を持ちたい個人に低利で金を貸すなど、地方分権の一環としてコーディネーターの役割を果たしている。

HLM各組織のプレジデント（会長）一〇八〇人の内訳は、市町村長八〇七人、代議士一一二人、上院議員八七人、地方議会議長三三人など、ほかに一万五〇〇〇人のボランティアの取締役がいる。HLM全国ユニオンの会長は上院議員のロジエ・キーヨ氏である。キーヨ氏はクレルモンフェラン大の教授、「カミュ論」で日本にも知られている。建設大臣を務めたことがある。本部職員が三〇〇人と少ないのは、事業の実体がすべて各HLM組織に存在するからである。

住宅を建てよう、賃貸住宅をつくろう、という個人や団体の情熱がHLMを発展させた原動力になっている。住宅政策にたいする政府の対応もそれによって変わる。だからHLM組織の人たちも政府も、この住宅供給組織をつねに「HLM運動」と呼ぶ。全体としてそれはソーシャル・

リフォーム（社会改革）運動の一環である、とも説明する。先のラ・クールヌーヴでの大統領コミュニケも「ＨＬＭ運動」という言葉を使っていた。さらに、こうしたやりかたは政府の行政権限にともなう官僚主義の危険や企業優先に歯止めをかけることができるという。

一九八一年、ＨＬＭから一冊の本が出版された。著者はピエール・ガンシャ、マリー・ポール・ショーレ、リゼット・ガイヤルドの三人。いずれもＨＬＭ運動の機関誌『ｈ』（アッシュ、現在は『ｈｌｍ』と名を変えている）の編集者。本のタイトルは『フランスの社会住宅通信』、その扉にこう記されている。

「ＨＬＭ運動を闘い専従を務めるすべての方がたに御礼申しあげ、経験の証言をいたします」

この一文は、ＨＬＭという住宅供給組織の性格を物語っている。

土地利用の権限は市町村に

ここで土地の問題にふれておこう。住宅建設に必要な土地の入手はどうするのか。

土地にかんする権限は、一九五三年の土地法から紆余曲折をへたうえ、一九八二年二月七日の法律ですべて市町村に移行された。中央集権国家フランスの地方分権化をすすめる大胆なとりくみであった。

国が有している権限は、沿岸地帯・山地の整備、歴史的遺産（建造物、自然）の保護、住宅にかんする融資、また既存の法律に適合しているかどうかをチェックすることだけである。市町村は、土地を計画的に利用し、不動産税を徴収し、必要な土地を取得するために、土地の先買権、土地の収用権など土地にかんする権限をすべて持つことになった。

フランス建設省のモーリス・ブコプッアさんはこういう。

「これまで市町村の都市整備にかんする調査や計画の権限は国家に属し、最終の決定も国家にゆだねられていました。この法律で、土地利用計画の権限はすべて市町村に移行しました。

これによって、都市の発達をコントロールする、自然と既存の風景を保護する、各土地所有者の権限を制限する、敷地の用途、高さ、建ぺい率を定めることなどすべてが市町村の権限となりました。

その結果、自治体の決定に住民の意見が反映され、両者のあいだのずれやくい違いはなくなりました」

土地の先買権について見よう。市町村は都市化された地区、これから都市化しようとする地区、および先買権を行使して買いあげようと思う地区を決定する権限を有する。そして居住にかんする社会政策の実行に関連のある公有地の拡大、社会住宅の建設、建物の修復、街の再開発、緑地の造成などについて土地の先買権を行使できる。

たとえばこれらの地域内で土地を売ろうとするばあい、土地所有者は売買の計画、取引金額を市町村にとどけでなければならない。市町村長は提示された金額とおなじかもしくはそれ以下の金額で買収することができる。売買が成立しなかったばあいは、土地収用にかんする審査委員会が新たな金額をさだめる。土地所有者はこれを受けいれてもよいし、拒否することもできる。しかし拒否したばあいは、これ以降土地を売る権利をなくす。市町村長もさだめられた金額が高すぎると判断し買収をやめることもできる。このばあい、所有者はその値段で自由に売ることができる。

この制度ができてから、不動産所有者が勝手に処分することが規制され、取引価格を市町村がコントロールでき、地価と不動産価格の上昇が抑えられるようになった。市町村長は徐々に土地や建物を購入し、公共施設・緑地の整備、住宅建設、古い地区の改造、土地の保有などをすすめることができるようになった。その影響は指定地区をこえて全域におよぶ効果をあげている。

それは一人の幼児の凍死からはじまった

第二次大戦後の一九四八年、フランスでは、住宅不足からくる家賃高騰をおさえるために、家賃統制法が公布された。これは民間人の住宅投資意欲をくじき、借家供給をストップさせた。住宅難に悩む労働者は低家賃の公共住宅をつよく要求した。

空き家やビルの不法占拠がひろがった。キリスト教会に所属するアベ・ピエール神父がこれを組織したのである。ピエール神父は、「浮浪者の使徒」とよばれていた。このピエール神父の行動を支えるために、さまざまな運動が起こった。借家人組合、相互扶助協会、ＨＬＭ組織が各地にできて、政府に影響をあたえた。

この運動自体は「藁の火のように」忘れられてしまう。組織的政治活動が欠けていたからである。浮浪者らはまた闇にもどった。彼らはＨＬＭ住宅には決して入れなかった。

だがピエール神父の活動は間接的にＨＬＭ住宅が不足していることを暴露するのに役立ち、その後の「ＨＬＭ運動」の展開に一石を投じたのである。

一九五三年から五四年にかけてのパリの冬はことのほか寒かった。暖房のないある粗末なアパートの一室で一人の幼児が寒さのために死んだ。

戦後一〇年近くたち、破壊されたパリの街もあるていど復興していた。しかしまだ満足すべき住居を得ていない多くの人がいる。低所得層の人びとは街頭に出て〝住宅をよこせ〟とさけびながらデモをした。一年になんども組織的でないデモが起こっていた。それでも住宅問題はそれまでいちども政治的事件としてもりあがることはなかった。

それが今回、火がついた。

――家が粗末なために子どもが死ぬとは何ごとだ。――

幼児の死が伝えられるや、住宅問題に苦しむ労働者や低所得の人たちは街頭に出て、「住宅よこせデモ」をくりひろげた。デモには、アベ・ピエール神父、建築家ル・コルビジュエらも加わっていた。住むところがなくて絶望していた人たちはこれによって勇気づけられ、運動がもりあがった。ＨＬＭ運動にもはずみがついた。

政府は、三〇億フランの資金を急遽新たに貸しつけ、住宅団地が急ピッチで建設されだした。一九五四年二月には「百万戸住宅作戦」が法制度化された。融資金額はコストの八五％までが四五年返済。利子は一％。その結果、五八年には三二万戸、六七年には四二万戸の住宅が建った。

スラムの中のアベ・ピエール神父（「Cent ans D'habitat Social」より）

ＨＬＭ組織による住宅供給は社会改革運動の一環である、と認識されているから、住居にたいする住民の要求運動が高揚すれば、ＨＬＭ運動も活性化する。それがＨＬＭの発展にはずみをつける。

ピエール神父を中心とする運動でＨＬＭが飛躍し「百万戸住宅作戦」につながっていったのは、そうしたことのあらわれであった。その結果、新しい団地、新しいコミュニティがたくさん生まれ、多数のあらたな借家人協会ができ、その反映としてＨＬＭ自体が政府に要請する力を発展させる背景となっていった。

デラックスホテルを開放せよ！

戦後第二の住宅運動は一九六〇年代に起こった。六二年にアルジェリア戦争が終わり、引揚者がもどってきた。産業は復興し生活水準はあがった。そして好景気とあいまって、住宅不足がいちじるしくなった。

一九六三年一一月の住宅統計は、その解説でフランスは過密居住国のチャンピオンであり、住生活の不快さにおいてもチャンピオンである、と次のような数字をあげた。

住宅の二〇％に水道がなく、六〇％にトイレがなく、七二％に浴室がない。

新しい住宅にも問題がある。統計局によるアンケート調査結果は、六四年一月現在、新しい住宅の四六％は防音不備、三七％は仕上げ不備、三三％は居住面積不足。ＨＬＭの三〇―四〇％は過密居住。毎年三五万の家庭が新しい住宅を購入し、フランス人の四七％は住宅の持ち主になった。しかし、持ち家を取得した労働者の三四％は職工長で、肉体労働者は一二％にすぎない、などと報告している。

一九六五年、パリの家賃が二五％上がった。家賃の不払いストライキが高揚し、四〇〇人が不払い運動を起こし、一五〇〇人は住宅デモにくりだした。アルジェリア植民地政策を捨てて、フランス自身の問題をとりあげようという気運がもりあがっていた。

一九六七年、当時のジョルジュ・ポンピドー首相は次のようにのべている。

「わたしのいちばん大きく不本意な失敗は、おそらく住宅である。大量の資金を確保する努力をしたにもかかわらず、住宅を必要とするフランス人全員に供給するところまでいかなかったことを認める」

一九六八年から六九年は学生運動が高揚した時代である。パリではそのエネルギーが住宅政策の改革運動にむかったのである。

インテリ、建築関係者、学生を中心に、住宅問題をどう解決したらよいか、という議論がいくつもの集会でなされた。その結果、「デラックスホテルを民衆に開放せよ！」という結論に到達した。いくつかのホテルの持ち主はそれに賛同し、無料でホテルを使用することをみとめた。しかし結局のところ、学生たちはデラックスホテルのベッドを拒否し、セーヌ河の橋を全部占拠し、寝ぐらにした。

――ＨＬＭ住宅が大量に建設されるまで、泊まるところのない者は橋の上に！――

というのがスローガンとなった。

事件は大騒動となった。政治家、一般民衆も参加し、団結して問題にとりくもうとする一種のコミュニティをつくりだし、さらに力を強めることになった。社会意識の向上とともに、この運動は、住宅の環境、コミュニティ、生活状態を良くする運動へと発展していった。

ＨＬＭ活動が国民によって支えられているという制度上の基本的性格は、ここでも国民の住居にたいする関心と住宅政策への参加意欲または権利意識を涵養する土壌となった。ある種の政治社会状況のもとで住宅難が深刻になったり住宅政策が後退すると、それを克服しようとする運動が国民のあいだから自然発生的に生まれるのである。

むろん、なかには簡単にはいかないこともある。たとえばＨＬＭの事業を拡大するにさいしてどういう方向に発展させていくべきかという点はつねに議論となる。

年一回のＨＬＭ大会には、どんな人でも参加できるという組織の性格から、立場の異なったさまざまな人があつまる。彼らの関心と主張には違いがある。住民はたくさんの住宅を建てることを要求し、政府は予算がないと釈明する。建築家は芸術作品をつくれなどという。それがＨＬＭの良さであり弱点ともなっている。

住宅運動はそうした矛盾をふきとばす効果を持っているのである。そして、そのような人びとの住意識はまた、ＨＬＭが住居についての社会の新しい要請を敏感にくみあげ、活動の内容を内発的に前進させていく原動力になっている。

住宅政策は公平化を演じるもの

フランスの住宅政策でつねに話題となるのは「公平社会の実現」である。人間の自由・法の前の平等・国民主権などを掲げたフランス革命時の「人権宣言」の精神がいまも脈うっている。

経済の成長は公平社会の実現に必要な条件であるが、自動的に財産の不公平をなくすものでない。フランスでは一九五〇〜七五年に経済成長をとげたが、地価の上昇、インフレーションで不公平はかえって助長した。とりわけ年配の不動産を持たない人びとを犠牲にしてすすんだ、という反省が住宅関係者のあいだでつよい。

不公平の内容は三つある。

一つは不動産の価格が上昇することによって格差を大きくする。

二つめは新たな不動産取得は暮しの楽な人に有利で、つつましい生活をしている庶民にとってはいよいよ困難になる。

三つめはその結果、住生活の質に大きな格差ができる。

住宅政策は、このような不公平化を解消するうえで重要な役目を演じるものであり、住居の質の確保に貢献しなければならない、とわたしが会ったＨＬＭ運動にとりくむ人たちは考えている。

一九八一年に選出されたミッテラン大統領は、四月の住宅展示会でこう弁じた。

「フランス人の住宅は私の政権下の最大の関心事になろう。私には、住宅は消費財とは思えない。それは人間の基本的権利である。一人一人のフランス人は、二戸建てか共同住宅か、持家か借家か、市街地内か郊外か、をとわずそれらの住宅を自由に選ぶ手段を持つべきである。これを実現するために、わたしはＨＬＭ運動をたよりにし、それを強化するための新しい法案を提出するであろう」

第九章「宮殿」に住む低所得者

変わるパリの表情

一九八九年七月はじめのパリは、フランス革命二〇〇年祭を旬日にひかえて賑わっていた。数日後のゴルバチョフソ連議長の訪仏を歓迎するため、シャンゼリゼー大通り、パリ市役所のあるオテル・ド・ヴィルは、仏ソの国旗で満艦飾。すでにバカンスがはじまり、フランス人は国外へ出かけ、パリは観光客であふれていた。ホテルは超満員。

ルーブル美術館広場のガラスのピラミッドは、その大胆で斬新なかたちが評価される一方で、ルーブル宮とあまりにも不調和なためパリっ子のあいだでは賛否両論である。だが美術館への入口をかねているピラミッドには長蛇の列がつづき、噴水のまわりは人種の国際見本市のような賑やかさであった。

ノートルダム寺院、サクレ・クール寺院、モンパルナスの丘、セーヌ河をわたる遊覧船、どのカフェテラスも観光客であふれ、レストランは夜が更けるのを忘れたかのようであった。パリ西郊の副都心デファンスに新しくつくられた「新凱旋門」〝アルシュ〟は、二〇〇年祭を記念してひらかれるサミット（先進国首脳会議）の会場として一躍有名になった。あとには国際人権基金の本部が入る。

アルシュに限らず、この二、三〇年ほどのあいだにパリの街はさまざまの新しい表情を持つようになった。

パリの胃袋をまかなうといわれたかつての中央市場レ・アールはオルリー空港近くに移転し、跡地は「オーラム・デ・アール」と名を変え、新しい総合ショッピングセンターへとさま変わりした。曲線のスチールとガラスでできた総ガラス張りのこの建物は、地下四階にまで自然光がとどくように設計されている。

パリ北方の運河の街ビレットには科学技術都市「ラ・ビレット」が誕生した。

旧オルセー駅はオルセー美術館に生まれ変わった。

フランス革命の発火点となり民衆が三色旗をひるがえして押しよせたバスチーユ広場に面しては新しいオペラハウスが生まれ、そのこけら落しが二〇〇年祭を記念しておこなわれた。

かつてルーブル内にあった大蔵省はセーヌ河畔に乗りだす恰好でモダンな姿を水面に映している。

セーヌ河沿いのケ・ド・グルネル地区には十棟ほどの高層住宅が建ちならび、その中にホテル日航の姿もある。エッフェル塔と自由の女神が見える。

赤と青と黄色のさながら色つきの工場のようなポンピドーセンターがあらわれたときパリっ子はあっと驚いたが、それにもひけをとらぬ新しい風景が歴史文化の街に次々とうえつけられ、それがどれもパリの新名所となり、観光客をあつめている。まことにパリは、古いものを遺しつつ新しい細胞を移植し、生命力を活性化させている街である。その直前に訪れたプラハは、前の戦争でも戦火にあわず、中世からのさまざまな建築が街並みを形成する、さながら街全体が建築博物館の観をていしているが、そのプラハの印象も、パリにくるとなぜかくすんでしまう。パリは歴史のすべてをのみこむ文化・芸術都市なのである。

住居の再生

革命二〇〇年祭をめぐる諸行事や新しく華やかなその表情とは別に、パリの街はもう一つの面で大きく姿を変えている。それはパリ市内での住宅の再生であり、その風貌・内容のかつて見られない新しい姿である。

薄汚れていたパリの街は滞在するたびにきれいになっている。ポンピドーセンターあたりは、以前は汚かったのがいまはすっかりモダンになった。それで情緒が薄れたという人もいるが、明るくなってパリは魅力を増したという人が多い。だが一方で、生活を支えていた住まいがこわされ、当時住んでいる人たちが追いだされるケースもふえた。労働者や貧乏人は住みにくくなった。またムフタール市場は昔からつづいてきた市場で、庶民的な雰囲気の場所であった。それがファサード（建築の正面）だけ残して再開発された。その結果、家賃が上がり物価もあがった。昔から住んでいる人が少なくなった。地域はファッション化した。高層住宅の建ちならぶ一五区、中国移民の多いイタリア広場周辺そのほかの再開発地区も似た状態にある。パリの街は博物館化、観光化の度合を深めていった。

一九六二年、当時のアンドレ・マルロー文化相は「建物の修復と保全」を目的にした「マルロー法」を制定した。パリの景観を保ちながら新しい住宅をつくろうとするねらいである。七三年には、旧市街の根本的な改造事業を避けて、現存する安い家賃の住宅群を可能な限り修復・再生し、それによって環境の激変をともなわない居住地の再開発事業へと政策が転換された。

以前、パリの都心にはいろいろの人が住んでいた。それがパリの文化、面白さをつくっていた。だが幼児を持つ若夫婦は郊外へ移り住み、老人がふえてきた。それを以前の状態にもどし、さまざまな人種、年齢、職業の人たちがパリ市内に住めるようにするのがねらいとなった。

再開発するときは低家賃のＨＬＭ住宅を建てる。一九八二年にできた「キーヨ法」は、社会党政府のもとで成立した新借家法で、借家人組合と家主協会によって家賃を決定するなど、借家人の居住権を保障することを明文化し借家人の守護神といわれた。そのために民間借家の供給は停滞したが、それだけにＨＬＭによる低家賃住宅供給への要請も強くなった。

一九八四年の住宅調査では、一戸建て住宅が五四・四％と過半数を占めている。これらの住宅は三〜五室の中規模住宅である。

一人住まいが一九七八年から八四年の間に一七％ふえているのに、一室または二室の小住居は数が減少している。パリなど大都市の住宅難はこの点に主要原因があると考えられている。

デファンスの「アルシェ」

国鉄オルセー駅は美術館に改装された

一九八六年、シラク政権のもとでキーヨ法は廃止された。借家権があまりにも強すぎるという批判からである。そして逆に、家主の権利を強化し家賃は自由市場で決めるという「メニュリ法」が制定された。その結果、パリなど大都市での家賃の上昇がいちじるしくなり、社会問題化した。その家賃にたえられない人びとへの低家賃住宅供給の必要性がまた高まった。

こうしてどちらの道を選んでも、庶民は公的機関の援助を必要とする。HLM住宅の建設戸数がふえているのはそうした理由からでもあった。

一九八九年七月からは「メルマズ法」が施行された。前二者の利害得失を足して二で割ったとも評されている。その主な点は、

① 家賃の値上げは、現行家賃が不当に過少評価されているのでない限りできない。値上げするときは、六カ月前に通告し、現在の家賃が同一地域、同一建物内の世間相場より安いという資料を一〇〇万人以上の都市では六件、一〇〇万人以下では三件揃えなければならない。

値上げが決まっても、いちどには上げられない。借上げ率が一〇%を超えるばあいは六分の一ずつ六年間かけて上げる（それとは別に物価上昇に応じた家賃改訂はできる）。

② 家主本人、その妻・子ども・両親が住む以外は、借家人に立ち退き請求できない。

③ 家主が住宅を売るばあいは借家人に先買権がある。借家人とのあいだに売買契約が成立しなければ第三者に売ってよいが、その価格が借家人に示した値段よりも安いときは、借家人

に先買権がもどる。

モントリオール市の工場改造住宅

住宅以外の建物を住宅に改造・再生させる事業を援助する制度も生まれた。

「みんなが街の中に住む権利を持っている」という理念を掲げて、ＨＬＭはますます古い居住区、歴史地区に入りこみ、先買権を行使して建物を買い取り再生するようになった。

たとえば昔の洗濯工場を買いとって一〇家族の住宅に改造した。

モントリオール市内の工場改造住宅

セーヌ河沿いにうちすてられていた大きな工場を買って一二〇世帯の住宅に再生した。

都心の古い倉庫を七〇戸のアパートにした。

一七世紀のホテルを一二戸の住宅に改造した。

カソリックの修道院を集合住宅に再生させた。

一〇〇年間人の住んでいなかった城をＨＬＭ住宅にした。

一九世紀に建てられた価値ある工場を修理して住宅にした。

パリの東モントリオール市内のペルノ製造工場が売りに出た。ペルノはフランスの強いお酒で、水でわって飲む。一九八七年、この工場を市は先買権を行使して安く買いとり、三九戸の住宅に改造した。土地は市が所有しＨＬＭに貸している。出資金の過半数は市である。入居者は低所得者が中心で、居住者の二〇〜三〇％は政府から住宅手当を受けている。

パリで開かれた国際学会（一九九〇年七月）での見学会でここにつれて来てくれた。一階から二階への長い階段、いたるところに出ている裸の梁。古い工場の構造があちこちにのこっている。案内されたとき、話を聞いていなければこれが住宅とは気がつかないだろうと思った。隣接してＨＬＭの新しい集合住宅が建っている。

モントリオール市はこうした既存の建物を他の用途に変える事業をたくさんやっている。一九九〇年現在九〇カ所。四〇は竣工。新しく生まれた住宅は合計八〇〇戸、一カ所は平均二〇戸。他は施工中、計画中である。工場以外に倉庫の改造もある。工場や倉庫として残しておきたくないものを住宅に変えている。新規に土地を取得しての住宅供給もむろんある。民間アパートを買いとりＨＬＭ住宅にする事業もあり、三年間で一八〇〇戸になった。当面二三〇〇戸を目標にしているという。

歴史的な建物を住宅として再生させるこの事業は、ＨＬＭのイメージアップに大きく寄与した。それまでのＨＬＭ住宅は、ラ・クールヌーヴのように主に郊外地区に建てられた、低所得層や移民の住むあまり立派でない住宅というイメージを少なからず抱かれていた。これはどこの国にもある。公共住宅あるいは社会的性格のつよい住宅には、低所得層があつまることになり、ややもすれば収容施設的イメージが持たれてしまう。この問題への対応は入居者階層の幅をひろくし、家賃を収入に応じて変えるといった手段によってもある程度可能になる。西欧諸国はそういう認識から公共住宅を大量に供給してきた。また都心に住宅を再生させることで人びとの生活を復活させ、街を人間くさいものにする。

だがいまひとつは建物の外観である。箱型の、兵舎のような、人が詰めこまれているというだけの無味乾燥さが、外から見るだけで低所得者用住宅というイメージを抱かせる。

それを変えることである。

ＨＬＭ住宅のイメージを変える

パリには五つの大きなニュータウンがある。そのひとつ、一九八三年パリ市内から地下鉄で三〇分ほどのところに建設された「マルヌ・ラ・ヴァレ」の集合住宅団地は、これまでの社会住宅のイメージを破る大胆なデザインとなった。

「テアトロ」と名づけられた入口の建物の別名は「みんなの家」。荘重な石造り。内部には住民のための集会所があり、入居者によって音楽、映画などの集会に使われている。「陽のあたる門」

マルヌ・ラ・ヴァレの集合住宅の親子

もある。文字どおり「パラシオ」（宮殿）と入口に刻まれた、ローマの旧蹟か中国の地下宮殿のような重厚な建物。燭台をつらねたような半円型九階建ての住宅は「闘牛場」と名づけられている。団地のいちばん奥には円形の蜂の巣のような建物がある。これがコンクリートパネルをくみあげた集合住宅であるとは、教わらなければわからないであろう。「プラス・パブロ・ピカソ」という名前の建物もある。これはM・ニュネズ＝ヤノヴスキイの設計。団地全体の設計はリカルド・ボッフィルというスペイン生まれの建築家が中心となった。人口約二〇万人、一九八四年完成。

いったい何のためにこんなものをつくったのか。これが集合住宅であるなら、宮殿と見紛うこの住宅はいったいだれが所有し、どんな人が住んでいるのか。

これは、HLMの賃貸および分譲住宅である。跳びまわっている子どもたち、行きかう人は、中国人、ベトナム人、アラブ人（チュニジア、モロッコ、アルジェリアなど）、そして低所得のフランス人などである。「闘牛場」に子どもづれの女性が座っている。声をかけるとポルトガル系のフランス人だと自己紹介した。住みぐあいはどうか聞いてみた。

「家族は夫と子どもの四人です。住宅は4LDK。家賃は二千フラン（一フランは三〇円弱）。四部屋のうち一部屋は二面が窓で使いにくい。それ以外は満足しています」

建設の費用はおそらく大変なものであったろう。HLM運動の機関誌『h』編集長ピエール・ガンシャ氏はこう説明してくれた。

「HLM住宅のイメージチェンジですよ」

そのあとで会った政府の住宅行政担当官も同じことを言った。

先にのべた低家賃住宅の外観は、無味乾燥というイメージを変えるためなのだという。

パリのニュータウン、マルヌ・ラ・ヴァレの集合住宅

――それにしても何と大胆な――

というわたしの感想にたいし、ガンシャ氏は、

「アメリカと日本建築の先端は金持ちの建築、フランス建築の先端は貧しい人の建築」

「コルビジュエが登場したときも同じでしたよ」

とさりげない。ル・コルビジュエはそれまでの建築家が設計していた装飾と威厳に満ちた邸宅から一般庶民の住宅に関心をむけ、「住宅は住むための機械である」と主張して人びとを驚かせたのである。

朝日新聞のパリ支局長を長く務め、いまはパリ日本人会会長の小島亮一氏にお会いした。街を案内したり、下町のいかにもパリジャン・パリジェンヌが好みそうな雰囲気のレストランでご馳走になったり、自宅を見せていただいたりするあいだに、こんな話をされた。

パリに赴任してすぐル・コルビジュエにインタビューした。

――あなたはどうしてそんなに住宅のことについて熱心なのですか。

「中世には神を象徴するために教会建築が中心であった。

王侯時代には権力の象徴が必要だった。

いまの時代は人間を象徴するために住宅が中心になるべきだ」

マルヌ・ラ・ヴァレの建築デザインについては建築家のあいだでも議論が分かれている。

だがガンシャ氏によれば、このアパートを見にくる人たちは、一見して「稲妻のように決める」という。分譲住宅購入者の半分はフランス人、ほかはベトナム難民が多い。

理由はいくつかある。

第一にフランス人はクラシック好き。荘重な石造を好むし、なれている。

第二にこのアパートに入ると社会的地位が上がったような気になる。

第三に団地内に職場が多い。

第四に生活設備が整備されており、家族にとっても子どもを育てるためにも最高の環境だ。

第五に分譲アパートは一〇％の頭金を払えば入れる、などだという。

これをいわゆるポストモダニズムの建築と見なす人がいる。だが、ねらいはそんなところにあるのではなく、低家賃住宅に夢をあたえることが主要なモチーフだった、とガンシャ氏はいう。それがたまたまポストモダニズムと称する新たな表現主義と一脈つうじるものとなった。

団地は居住者による自主管理。役員は選挙で選ぶ。費用は市から出る。市と自治会が協力して管理している。

変わるモンパルナスの風景

モンパルナス地区は北側にカルチェ・ラタン、サンジェルマン・デ・プレといった地区につな

モンパルナス、プラース・ド・カタローニュのパリ市営ＨＬＭ住宅

がり、絵画きや作家がたむろした場所として有名である。カルチェ・ラタンは、一二世紀以来、数々の名門学校を有し、学問・教育の場としての歴史を積み重ねてきた。サンジェルマン・デ・プレは、第二次世界大戦後、サルトル、カミュなどの実存主義者たちが集まり議論の花を咲かせた場所でもある。このモンパルナスはいま大きく姿を変えている。

モンパルナス駅の南側を数分西へ行くと、プラース・ド・カタローニュに行きあたる。この広場には、何とも奇妙で大きな斜めに削いだ円形の噴水がある。そのかたわらに、これも宮殿のような円い外観の白亜の新建築が忽然と姿を見せる。

この地区は、つい最近まで藤田嗣治や佐伯祐三の世界のひろがる、古きよきパリの風景を構成していた。街の中をぶらぶら歩くと、いまもなお古ぼけたまま放置された、ひとけのないアパートに出くわす。その一方で、建物の修復と建て替えが急ピッチですすんでいる。一九五八年からはじまったメーヌ・モンパルナス都市計画の一環としてである。

さて、プラース・ド・カタローニュに面した建物は、それらの改造事業とはまったく似つかわしくない建築である。これは何だろうか。官庁か、宮殿か、博物館か。

実はマルヌ・ラ・ヴァレと同じ低所得者向けの集合住宅なのであった。ドーム風の壮大な外観を持つこの宮殿（まさにそう呼ぶほかに表現しようがないのだが）の荘重な門をくぐってなかにはいると、青色の総ガラスばりの窓が、円形の芝生を囲んでいる。

プラース・ド・カタローニュのパリ市営住宅
（道路側と内部）

そこで三輪車をのりまわしボール遊びに興じる子どもたちを眼にしなければ、これを住宅と見当てることはかなり困難だろう。しばらくながめていると、子どもたちや買いもの籠をさげて往来する住民は、やはり黒人、スペイン人、アラブ人、アジア人が多い。

管理人に聞くと、これはパリ市営の、ＨＬＭ賃貸住宅であった。これもリカルド・ボッフィルの設計である。

その西側には、これまたクラシックな宮殿が鎮座している。南側には広い公園がある。ベンチに腰掛けて「宮殿」をながめている人たちは、少なくとも金持ち階級には見えない。黒人も多い。これが住宅で、低所得層向けの賃貸住宅と聞かされた人は、まさかと驚くにちがいない。

ボッフィルらによるマルヌ・ラ・ヴァレ団地、モンパルナスのプラース・ド・カタローニュ団地の「豪華」なデザインは、従来のＨＬＭ住宅が持つ、「低所得者層や移民の多く住む住宅団地」「建築の構造と材料が粗末で建築技術の質が低く音の聞こえる安上がりの建物」というイメージを一変させた。外観と居住性が向上することで、そこでの居住者が住宅の質と建築様式ゆえにコンプレックスを抱いたり地域から差別されることのないようにする、というそのねらいは成功し、二つの団地とも希望者が殺到、競争して入居を申し込んでいるという。

こんなものをつくるより、ラ・クールヌーヴの新しい住宅のような、小さな中庭を囲む中層の住宅をつくる方がより人間的だ、とわたしなどは思うのだが、ＨＬＭの人たち、行政官、ジャーナリストのいうように、こういう大胆なデザインがＨＬＭのイメージチェンジのシンボルとして必要だったのかもしれない。

また、八〇年代は、六〇年代から七〇年代のような量的建設を急ぐ必要性がなくなり、余裕ができた。街に調和するデザインといったことに配慮するようになった。それがＨＬＭのイメージチェンジにつながり、ボッフィルらにチャンスをあたえることになった。

居住のパイロットをめざす

ＨＬＭはいま新しいイメージのもとに新たな活動にのりだそうとしている。それは「居住のパイロット」になることであるという。

地方のＨＬＭ組織を発展させる。建物を再生して老人住宅にする。田舎でＨＬＭ住宅を建てて地方を活気づける。

住宅をたんに建築物としてでなく社会的観点から見なおし改善する作業や法制度化は、フランスでは一貫してつづけられている。

一九五〇年代から六〇年代にかけての住民追い出し型の住宅地再開発にかわり、六〇年代には建築は重要な文化財であるという認識に立った街の景観保全政策の一貫として、七〇年代末からは住宅修復後も借家人が住み続けられる家賃補助政策として、八〇年代にはＨＬＭの住宅団地を修復する制度などとして、政策が変化し発展していったのである。

新しいＨＬＭの住宅では居住者が順番に管理していく自主管理の制度も本格的に導入された。その結果、自分の住む場所としての意識が育ち、コミュニティが形成された。それまで激しかった入れ替わりが減りだした。

数々の高層で巨大な住宅棟からなる団地グラン・アンサンブルをどうするか、だれといっしょにどのように改造するか、という点にも人びとの目がむきだした。

その改造にさいして、管理者は「住民とやらねばならない」と答えるようになった。住民の参加なしに住宅再生の成功は不可能だということにみんな気がつきだした。住宅の再生は、プライバシーを確保する、バルコニーをつくる、集会所をもうける、といったことからはじまる。建築家は直接現場で借家人と相談し、改善すべき項目を決める。管理者は、この作業をつうじて借家人と新しいタイプの関係をつくろうと努力する。

居住者は住宅管理のプロジェクト作成と作業に参加していった。

「ＨＬＭとユーザーの混合委員会」がつくられ、住宅の改善工事や家賃といった大きな問題の合意は住民代表といっしょに結論を出すようになった。一二の委員会は管理についての協議、情報交換、調停を担当する。マルヌ・ラ・ヴァレ団地管理への住民参加もその一つであった。

「警察力で犯罪をへらすのでなく、住民参加で団地をよくすることによって実現しよう、待っていないで積極的にやろう」

建設大臣、厚生大臣はこうよびかけた。人間にふさわしい居住地の形成は、グラン・アンサンブルの中止、住宅の中低層化、建築のデラックス化とならんで、住民参加が重要であると指摘したのである。

住宅改革に協力する建築家

ところで、こうしたフランスの目を見張るような住宅政策の転換・改革の背景には、多くの専門家・行政官らの幅ひろい住居への関心がある。

フランスでは優れた建築家ほど、同じ住宅でも金持ちの家や別荘なんかよりも、社会性、公共性のある建物、たとえばHLM住宅の設計などにとりくむことを誇りにするという。これは、ヨーロッパの近代建築が一九二〇年代後半からドイツを中心に、建築運動・住宅運動として展開し、常に社会性をおびてきたことと関係していると考えられる。

ル・コルビジュエは、集合住宅（ユマニテ）に非常な力を入れた。その建築理論はフーリエの理想都市・ファランステールから影響を受けた。田園都市論の主唱者エベネザ・ハワードは一八世紀から一九世紀にかけての思想家ロバート・オウエンから学んだ。その思想も背景にある。

「フランスでは、建築家はアーキテクトである前にソーシャル・リフォーマー（社会改革者）なのだ」とガンシャ氏は強調した。

『パリの現代建築一九〇〇―一九九〇』という本がある。二〇世紀のパリ市内に建った注目すべき建築二二〇点が写真、建物の種類、建築家の名前、地下鉄駅名まで入れた案内地図といっしょに紹介されている。パリの現代建築を見て歩くにはまことに便利なガイドブックで、これ一冊あればあきることがない。

パリ市内ミロー通りの
ＨＢＭ住宅 1922年完成
アンリ・ソーヴァジュ設計

ミロー通りのHBM住宅の屋内
プール（「L'office public
d'habitations de la ville de
Paris, 70ans」より）

パリ市内ボン・マルシェのＨ
ＢＭ住宅　1932年完成主任
建築家M・マラン

ページをめくっていて気がついた。集合住宅の数が実に多い。二二〇のうち住宅（大部分が集合住宅である）が八三、そのうち社会住宅（ＨＢＭ、ＨＬＭ）が三七を占める。（『二〇世紀東京の現代建築二二〇点』を選んだとき、住宅が三分の一以上、公共住宅だけで六分の一も占めるだろうか）

フランスの建築家がいかに集合住宅、そして社会（公共）住宅に力を注いできたかがわかる。ガイドブックを手に街を歩いた。

ミロー通りのＨＢＭ（低家賃住宅）は一九〇九年に計画され一九一二年に完成した、とある。建物の外観は階段状になっている。このころ猛威をふるっていた結核に対処するために、日光浴のできる段状のテラスをつくったのである。設計者のアンリ・ソーヴァジュは強い社会的関心を持ち、低所得者用の社会住宅を衛生学者のようにして創ったとして、フランスでは有名である。建物の正面を後退させたことで、太陽光線や空気を住居の中に入れ、通路を明るくすることを可能にした。

「このテラスは花や草木が成長する小さな庭であり垂直の田園都市である」と、ガイドブックはコメントしている。「垂直の田園都市」とはコルビジュエの造語であり、彼の影響がここでも見られる。

この集合住宅は、外観の偉容さからしては、住宅戸数八〇戸は少ない。だが、内部には屋内水泳プール（写真）、三層吹抜けの屋内庭園、ワイン貯蔵庫、ＨＢＭの事務所などがある。内容・外観ともに洒落た集合住宅である。フランス人の住宅にたいする構想の豊かさに驚く。

そこから歩いて一〇分ほどの場所に同じく一九三一年建築のＨＢＭボン・マルシェがある。七階建て、八一五戸、いくつかの棟からなる集合住宅が通りの景観を構成している。その外観の豊かさに驚く。多様なデザインの窓とバルコニー、立体感とゆとり。最上階は芸術家のアトリエ、テラス、パーゴラになっている。ゆきとどいたメインテナンス。職人がひとり壁を塗っている。建物はフェンスで囲われ、一階には管理事務所がある。

ここにはコミュニティがある。通りと建物が街をつくっている。人びとの生活がある。

フランスの建築を見て歩くことは実に楽しい。

一九六八年の学生デモを契機に、さまざまの分野の建築家がＨＬＭに協力しだした。住宅の展覧会には一般市民、専門家が大勢やってくる。社会学者、政治学者も参加してセミナーをひらく。公共建築は、どんな小規模の老人住宅やＨＩＭ住宅であってもほとんどコンペ（競技設計）で設計者が決められる。設計案の作成には、老人住宅のばあいは老人問題の専門家が協力する。ニュータウンであれば医師、保健婦、その他の専門家が参加する。

そういう参加と協力が、建築設計にたいするさまざまな配慮、反省、改善を盛り込ませていくことになる。

一九七五年、「居住と社会生活」と名のる一つのグループが誕生した。グループは巨大な住宅棟群の別名でもあるグラン・アンサンブルを改造するパイロット的役割を果たすことを目的としていた。最初の作業として、リール、マルセイユ、ナント、ルーアン、ロリアンで「住宅地の社会的リハビリテーション」「住民を社会復帰させる」ことを掲げた活動にとりくんだ。工場などを住宅に変えるときは、建物の堅さを捨てて生き生きさせる、オリジナリティを持つことが必要だ、と彼らは主張している。

ル・コルビジュエへの風あたり

こうした流れの中で、その建築理論への風あたりの強くなっているのが、ル・コルビジュエである。わたしが会った住宅関係者は、ガンシャ氏を除いてすべて、コルビジュエの犯した「誤り」を指摘、その「犯罪」を追及した。

パリでの国際学会でフランス国立人間居住研究センター所長のニコール・オーマンさんを紹介され、一緒に昼食をとった。この研究所は国立科学研究センターの一部門で、都市計画・居住問題を多分野の専門家があつまって学際的に研究する必要があるという趣旨から生まれた。

オーマンさんは社会学者である。

「わたしの研究所では住宅政策、建築と居住者の関係、衛生・アメニティなどの問題を研究していますが、いちばん大きいのは住民が別の文化のタイプの住居に移ったときに起きる問題です。建築家は、自分の発明か輸入かはともかく新しい居住様式を提案しますが、住民の居住様式に合わないことが多いのです。

公共セクターは建築家に設計を依頼し、建築家はめいめい勝手に設計します。新しい建築は彼らだけの小さな世界ではめられています。しかし現実の社会ではそうではないのです。そして住民には選択の余地がないのです。だから建築家の建てる住宅をチェックする機関が要るのです。居住様式の不適合は一〇〇％建築家の罪です」

「住宅と居住者の関係、理論的社会科学的な住宅問題の研究をやっているのはわたしたちの研究所だけです」

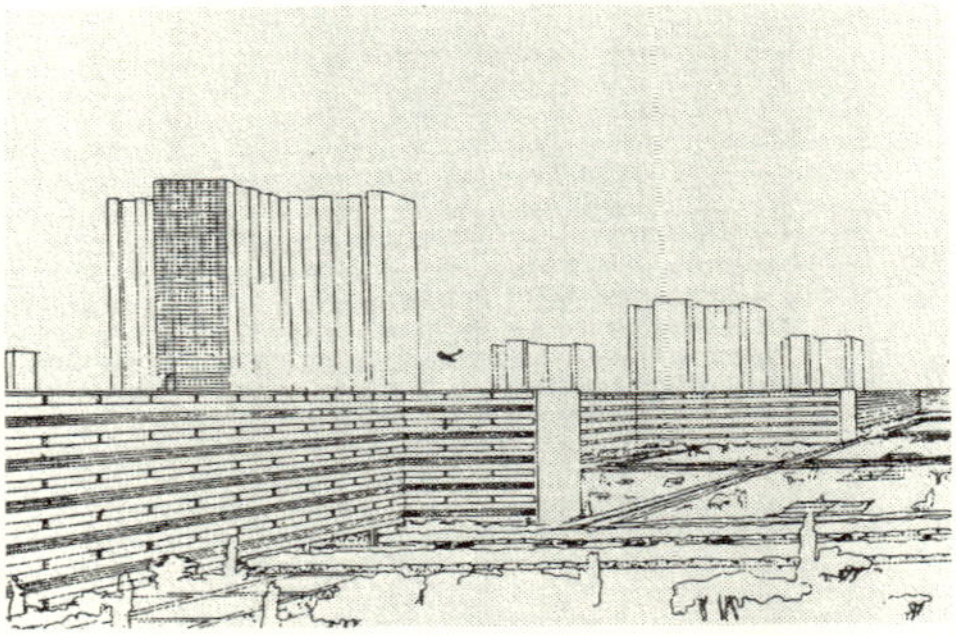

ル・コルビジュエの「輝く都市」（「Le Corbusier——Urbanisme」より）

「ボッフィルは住宅とモニュメントを混同しているのではないですかね」

追及は厳しい。話がはずみ、夜自宅での食事に招かれた。

ル・コルビジュエが話題になった。彼女たちは、コルビジュエを「グラン・アンサンブル（巨大超高層住宅群）の父」と呼んでいる。そのことを最初に耳にしたのは、別の日いっしょに昼食をとったHLM研修生からであった。

コルビジュエはその建築理論において「太陽、緑、空気」を満喫する、地表にそそり立つ棒状・板状の超高層住宅群を提案した。それが、ラ・クールヌーヴをはじめとする巨大超高層住宅群の誕生につながった、と多くの人は見ている。たしかに、ラ・クールヌーヴやマンゲットの写真（二〇三頁）を見れば、コルビジュエの描いたスケッチと同じではないか。わたしは、「学校を出たすぐあと、いまから三〇年以上も前にコルビジュエ批判の論文を書いたことがある」というと、「どんな内容か」とオーマンさんが尋ねる。

「コルビジュエのいう〝住宅は住むための機械〟とは、結局人間の生活行為を労働・休養・余暇・生殖といった個々ばらばらの抽象的要素に解体し、その一面を強調して建築の造形原理にした技術主義である。彼の悲劇は、人間をトータルな存在として、また社会的側面から見ることのできない建築家の弱点によるものであった。〝住む〟とは居を定めて暮らしをたてること、だが彼は、人間は社会的生活を営む存在だということをほとんど捨象している（アイデアを詩的表現で示しているといえばそれまでだが、そのような捨象は芸術家肌の建築家に熱狂的に受けいれられた）。

そうだからこそまた、人びとが貧しい住居に住んでいるのは住宅問題という社会の矛盾によってておきていることなのに、それに眼をむけることができず、〝建築か革命か〟といったことをいいもするが、結局、飛行機や自動車と同じように、機能的なマシンとしての〝住むための機械〟

を用意すれば問題が解決するという〝技術主義〟に陥らざるをえなかった」

わたしはつづけた。

「より社会的にいえば、機能主義という発想は、住居を人間のトータルな生活空間と見なさず、たんなるさまざまの行為を入れる箱と見なす、いいかえれば資本の要請する労働力の器としてしか見ないところからきているのではないか。目に見えない生活圏としてのコミュニティとか、住みなれた場所に住みたい、住民が街をつくっていくというような、生活空間としてのトータルな〝居住地〟への認識が欠けていたのではないか……」

みなまでいい終わらないうちに、オーマンさんは立ち上がって握手を求めてきた。

彼女は言葉をひきとった。

「建築家たちのあいだでは、いまだにコルビジュエの信奉者が多いのは困ったことです」

しかし、とわたしはこんどは逆の話をした。

「一定の歴史的役割を果たした、ということはあったのではないですか。建築家が王侯・貴族の豪奢な邸宅にしか関心のなかった当時、住居に社会の目をむけさせるという意義があったのでは」と、先にふれた小島亮一氏によるインタヴューやガンシャ氏のことを頭に思いうかべながら。

「そんなものはありません。当時でも庶民の住む住居はちゃんとあったし、都市でも農村でも人びとの生活を支える住宅というものはありました。……」と、オーマンさんは厳しい。

爆破される高層住宅

爆破して壊された高層住宅（いずれもリヨン・マンゲット団地、「イメディア」提供）

三〇数年前にわたしが考え書きもした、ル・コルビジュエをはじめとするCIAM（現代建築国際会議）にあつまった建築家たちの思想と理論へ抱きつづけていた疑問、それが的はずれでなかったことを実証された思いであった。それはオーマンさんたちがそういったからというのではなく、「輝く都市」（コルビジュエの主著の題名）を現実化した高層住宅群が次々と爆破されている現実を目にしての思いであった。

＊近代住居理論の性格とその役割——人間抽象化と技術至上主義はなぜ生まれたか？」（『国際建築』一九五六年一一月号）

市民映像センターの活動

そのことをさらに決定づける思いにさせら

れたのが、「イメディア」で視たビデオであった。

フランスには市民運動の映像センターがいくつもある。市民がとりくむさまざまの運動を支援し、社会問題としてクローズアップさせるのが目的である。そのひとつが「イメディア」(IM'MEDIA・メディアとすぐやるという意味をかねている)で、住宅問題・住宅運動のビデオテープを作成している と聞いて訪ねた。イメディアは、移民にかかわる各種の運動の一環である反人種差別主義を支援する通信社として、大マスコミ諸機関に出版・映像を流すのを仕事にしている。一九八三年、運動団体の活動家があつまって、正しい認識のために情報を流そうという趣旨でつくられた。雑誌も出している。「移民のための活動基金」から補助を受けている。

住宅問題については、一九八三年に主に北アフリカからの移民の若者が、パリ、リヨン、マルセイユなど大都市郊外の大団地問題を扱った。

ビデオテープを何本か見せてもらった。その一本は高層住宅を次々と爆破していく迫力にみちたものであった。

ラ・クールヌーヴより前にリヨン郊外でHLMの巨大高層住宅団地マンゲットが建設された。このグラン・アンサンブルは移民の集中居住地となった。住宅九二〇〇戸、居住者約三万五〇〇〇人。HLMは地下鉄の駅をひき込むなどの努力もしてきたが、移民がふえるにしたがってフランス人は出ていき、空室ができ、そこに若者が入りこむ。社会環境が悪化し商店も出ていくという悪循環に陥った。

ここでも事件が起こっていた。八一年の夏、「ロデオ」がはやった。おいてある車の窓をあけてのりまわし、そのあと火をつけて遊ぶのである。騒いでいるアラブ系の子どもにたまりかねたフランス人が猟銃で撃ったところ、騒いでいない人にあたってしまった。

この「マンゲット事件」が契機で高層住宅をとりこわすことになる。

ビデオで視るマンゲットの高層住宅の破壊シーンはわが目を疑うほどのものであった。二〇階ほどの住宅のタワーが何棟も次々と爆破され、崩れ落ちていく。そのつど、それをとりかこんで見物する居住者たちは歓声をあげる。大勢の消防士がそれを見守っている。ミッテラン大統領の姿も見える。爆破にはアメリカ人技師をよんだ。一九八三年のこのできごとは「マンゲット'83」という二二分のビデオにおさめられている。

もう一本見せてもらったテープは「パリの住宅運動」。都心のアパートの建て替えや修理のために立ち退かされた住民が広場でテント生活をしている。ピエール神父がはげましに来ている。住宅を保護せよという大規模なデモがパリ市内を行進している。参加者一〇万人とアナウンサーが叫んでいる……。無理をいって二本ともコピーをつくってもらった。

高層住宅の爆破シーンと住宅デモに圧倒されたあと、住宅運動を支えるマス・メディアの活動がどんな効果をあたえているか、質問した。

イメディアの主任のモグニス・H・アブダラーさん人は、母はデンマーク人、父はエジプト人、本業はジャーナリストである。

――スタッフは何人ぐらいいるのですか。

「常勤は八人、特殊技能を持つ二〇人は空いた時間をさいて働いています。八九年には三～五分のルポも含めて六〇本、一三時間のフィルムを放映しました」

――効果はどうですか。

「四つあげられます。住民が再び住めるようになりました。居住をめぐる裁判に勝てるようになりました。学校でフランス人に移民の歴史を教えるようになったなど、先生に効果をあたえています。移民の二世がマス・メディアに就職できるようにもなりました」

――最近はどんなものを作っていますか。

「一九八九年には二つのテレビ局と共同製作しました。国営放送と民放です。移民の姿や反人種差別運動を広く市民に知らせる内容です。その後移民の若者の問題がひろくマス・メディアにのるようになりました。

現在は長期的なテーマとしてパリとロンドン、ベルリンのインナーシティの問題を比較した映像をつくっています。移民集中地区がどうなっているかを扱う予定です」

住宅を点検する社会保健婦

多くの人が当然のようにして住宅問題にかかわっていく背景には、さまざまの分野の人たちが日常の仕事をつうじて住宅と接しているということがある。

たとえばフランスでは、「社会保健婦」が保健と福祉の視点から住宅の点検活動をしている。赤ん坊が生まれると、不意に保健婦がやってくる。住宅の衛生状態、設備、広さ、居住状態などを点検し、赤ん妨の成長に好ましくない状態のときは改善を援助したり他へ転居することを勧める。経済的理由その他で不可能のばあいは、ＨＬＭ住宅をあっせんする。

社会保健婦は自治体に所属し、出産後の家の衛生状態の点検のほか、病気、母子、子ども、妊娠、失業、労災事故、職業病、老齢年金など社会保障の側面を担当する。その中に住居の点検が入っている。各病院には三人の社会保健婦が働いていて、社会保障関係を担当している。

ながくパリに住んでいるパリ日本人会事務局長の岡本夫妻からこの話を聞いて、早速大使館のあっせんで社会保健婦にインタビューした。

社会保健婦のＢ・ミシェルさんは二四歳、病院につとめている。

「入院患者が退院するさい、事前に住宅を見にいきます。病気の種類、再発の予防、予後の療養、リハビリテーション、在宅ケアなどの面から住宅を見ます。看護婦は忙しくてその暇はないので、これはわたしたち社会保健婦の仕事になるのです。家族の人数と部屋の数、便所・浴室・台所・

パリの社会保健婦ミシェルさん

暖房など設備のようす。電話があるかないか。歩行の困難な退院患者の部屋が二階にあるばあいは一階に移すよう家族の協力をもとめます。自分の家で療養できる人のばあいは、病人がうごくとき家族が手伝うように、またうごきやすい場所に移すよう、これも協力を求めます。自宅療養のしやすい条件を細ごまと指示するのです。家を改造する必要のあるばあいは、住宅関係機関に補助金を申請します。自分の家で療養が無理と思われるばあいは、病気に関連した施設にはいれるように手配します。そのときは、まず病人の意向を聞きます。医者、看護婦、ソーシャル・ワーカー、本人、家族も入って相談します。全体の合意がなければ施設へは、いれません」

こういうことが日常的に行われているから、ＨＬＭ住宅や居住地のありかたに、健康や福祉の考えが入ってくるのだと思われる。日々の仕事の中でえられた体験や発見や研究の成果が反映するのは必然的なこととなる。

先にあげたさまざまな事件は住宅状況を変革する直接の契機となったに違いないが、日ごろから、住宅を生活の向上や保健・福祉の基礎とみなしその改善にとりくむ姿勢が、それを可能にしたといってよいかもしれない。

ミシェルさんは二つの病院のほか自動車事故で骨折した人の在宅看護も担当している。

「仕事をしていて楽しいことは、患者の家族に会うこと、医者とのつきあい、病院と相談しながら一つの解決まで持っていくこと。とてもやりがいがあります。給料も高いのです」

「わたしは社会問題に関心があったからこの道に入りました。学校の費用は国からでます」

社会保健婦になるには国家試験による免許が要る。それには三年間勉強する必要がある。授業科目は、心理学、医学、公衆衛生、薬剤学、法律、社会保障、衛生的観点からの予防措置、建築学、社会問題、社会医学的問題などである。一年目二カ月、二年目四カ月、三年目二カ月半の実習がある。卒業試験には口頭試問がある。具体的ケースについてどう処理するかを審査員の前で述べる。学校での勉強は医学よりも社会問題、とりわけ予防的問題にウェイトが置かれている。問題が起こってから解決するのではなく、どう予防するかを勉強するというのである。一九六八年までは社会保健婦と看護婦は同じコースで教育されていたが、六八年から分けられることになった。仕事の内容がちがうからという。

社会保健婦本部訪問

翌年、こんどは訪問の約束をしたうえで社会保健婦の本部を訪れた。日本からの訪問者は初め

フランスの社会保健婦さんたち（パリの本部で）

て、と大歓迎。施設の中を案内してくれた。保健婦が勉強するさまざまな部屋がある。料理教室、裁縫室は女性が脱衣していていささかなまめかしい。赤ちゃんの抱きかたの実践訓練を人形で見せてくれる。そのあと五人のパリジェンヌと座談会。一人だけ英語が喋れる。

――どれくらいの人がはたらいているのですか。

「パリの二〇区のすべてにセンターがあります。大きな区、たとえば第一五区は二六の方面に分かれ、それぞれに一人配置されています」

――住居に関してはどんなふうにして相談が持ちこまれるのですか。

「病院から連絡してくる、隣人が教える、自分で電話してくる、などさまざまです。ケースによって問題が違うので、対応のしかたも違います。住宅の点検は衛生や生活面のほか、階段から墜ちたり廊下ですべったり火傷などをする家庭内事故をどう防ぐかにも力を入れています」

こうした活動の成果は、住居を赤ちゃんから老人まですべての家族が安全に住みつづけることのできる生活者本位のものに変える力となっていく。

たとえば新しいアパートの一階はすべて、障害者が入居しない場合でも全部障害者用に変えられるようになっていること、すべての階にスロープやエレベーターで上がれるようになっていること、などが住宅のそなえるべき必要条件となった。それによって老人、障害者はむろんのこと、健康なものが事故にあい障害者になっても、それが原因で引っ越しする必要のないようにする（スウェーデン、デンマークも同じような住居基準を義務づけている）。

この住居基準づくりは、老人施設の職員やケース・ワーカーや保健婦の協力で実現した。住宅とその政策が生活、保健、医療、福祉、発達等の基盤となっていくためには、フランスのようにさまざまの分野の人たちが住居に関心を持ち、日々の行政の一環としてとりくむ状況があって実現していると考えるべきであろう。

フランス革命の伝統

フランスの住宅事情は西欧先進国の中では必ずしも高いレベルにあるとはいえない。とくにパリ市内はそうである。だがこの国の住宅建設の特長である、「ＨＬＭ運動」はまさにフランスの国民的住宅事情改善のとりくみといってよい。そしてフランス人以外の人たちを差別せずに、社会住宅を供給している。また長さ一八〇メートルものアパートを建築するかと思えば、それを改める。現実への対応と方針の変革の早さに目をみはる。

第二の特長は、街並みの保全をともなった住宅の大がかりな改造事業である。パリには歴史がある。そしてパリの街の魅力は都心に人が住んでいることである。パリの市内に住む人たちが、夜おそくまでカフェテラスに、レストランに、音楽会にあつまる。それは観光客ばかりでない。そこには市民がいる。それが都市であり、都市に住むことの魅力である。そういういわば居住の思想が、フランスの住宅政策と都市づくりの原点にあるのであろう。住むということを生活や文化や社会や都市のありかたとむすびつけて展開させている国である。

そういう住宅都市政策は、政治家や行政官の意志によるというよりも民衆の力が基本になっている。HLM運動の推移と住居への国民の関心・とりくみを見ているとそう思わざるをえない。

フランス革命の伝統が今もフランス社会には流れているというべきであろうか。

第四部　西ドイツの住宅哲学

第一〇章　シュトルベルクの闘い

ケルンは紀元前三八年にローマ人によってつくられたヨーロッパでもっとも古い歴史と文化をもつ都市の一つである。

オーデコロン（化粧水）とは「ケルンの水」の意味であり、ナポレオンの占領時代にフランス軍がケルンでつくられている化粧水を見つけ、製法をフランスにもち帰ったものである。九世紀初頭、カール大帝の時代に首都になり、その後大司教、選挙侯などによって発展をつづけた。市内の中心部を歩くといたるところで教会、寺院とともにローマ時代の遺跡にぶつかる。

ケルン駅前にそびえるドーム（大寺院）は西ドイツではウルムの大聖堂とならぶ大きなゴシック様式の寺院である。一二四八年に起工され一八八〇年に一応の完成をみたが、工事は最近までつづいていた、とドームの入口の案内版には書かれている。

わたしはこのドームが好きで何度も訪れた。ドイツゴシック独特の天にむかってたちのぼる垂直線の強調は、初めて見たときはいささかゴチャゴチャした感じであったが、何度も見るうちに、その荘重な姿は黒ずんだ色とあいまって落ちつきと風格にあふれ、見れば見るほど好きになっていった。汽車で一時間ほどはなれたアーヘンに滞在中の四カ月間、暇があればこのドームを眺めにやってきた。

ケルンの街はライン河をはさんで東西に分かれている。ドームのある西側は河にそって扇形にひろがっている。ドームはほぼその要のところにある。そのドームからライン河沿いに真っすぐ南へ下がったところに、この物語の舞台、セヴェリン地区がある。

工場を住宅に変えよう

ケルン市セヴェリン地区は東京でいえば上野から浅草にかけてのような下町である。古い住宅、アンチークの店、各種の小売店、個人商店、工場が混在する一方で、美術学校、美術館、図書館、専門学校などがある。城門や城壁などの歴史的遺産がゆたかに遺っている。一七世紀のバロック風建築の姿も見える。

この地区に大きなチョコレート工場があった。シュトルベルク工場という。敷地面積約六ヘクタール。四つの棟がつらなっている。工場の持ち主はこれをケルンの大地主(不動産会社)に売却し、高層デパートが建つことになった。

これを知って驚いたのは地域の住民である。

低い建物のたちならぶこの地区に高層ビルが建てば、歴史的な街並みと環境はこわされる。昔からつづいている小売商店がやってゆけなくなる。街の雰囲気が変わる。そんなことをするより工場をこわさないで住宅に改造すれば、深刻になりつつある住宅難の解消につながるし市民に住居を安くわたせる。

このような主張を掲げて、地域の住民、勤労者、学生はケルン市とかけあった。市当局はこの要求を受けいれ、デパート会社から工場を買いもどした。

同時にこの地域一体の地名である「セヴェリン地区再開発計画」を決定し、そのなかでもこのシュトルベルク地区はとくに重要な意義を持っているという認識から、住宅と生活施設を中心と

ケルンのドーム

ケルン市セヴェリン地区の街並み
14世紀につくられたセヴェリンス門

したコンペ（競技設計）をおこなうことを告示した。一九七七年一二月のことである。

コンペでは計画の条件が提示された。

そのいくつかを見ると、この地区の歴史環境をまもりながら、地域住民のために良好な居住地をつくろうとする意図が、市当局にもあったことがよみとれる。

① コンペ参加者は（ケルン市のある）ノルトライン・ウェストファーレン州に居住地あるいは勤務地がなければならない。

② 地区内に保存するにあたいするファサード（建築の正面）を持つ建物があるとき、新建設計画はそれの保全をふくむようにしなければならない。

また都市景観では、古い都市の形態、きわだった目印、特徴のある空間や広場を持つ歴史的な道路構成に注意しなければならない。とくに価値があるのは、市のパノラマが得られる地区東側のライン河岸正面の形態である。

③ コンペ地区の将来の住民のほとんどは現在の地区住民である。提案はその人びとの家族構

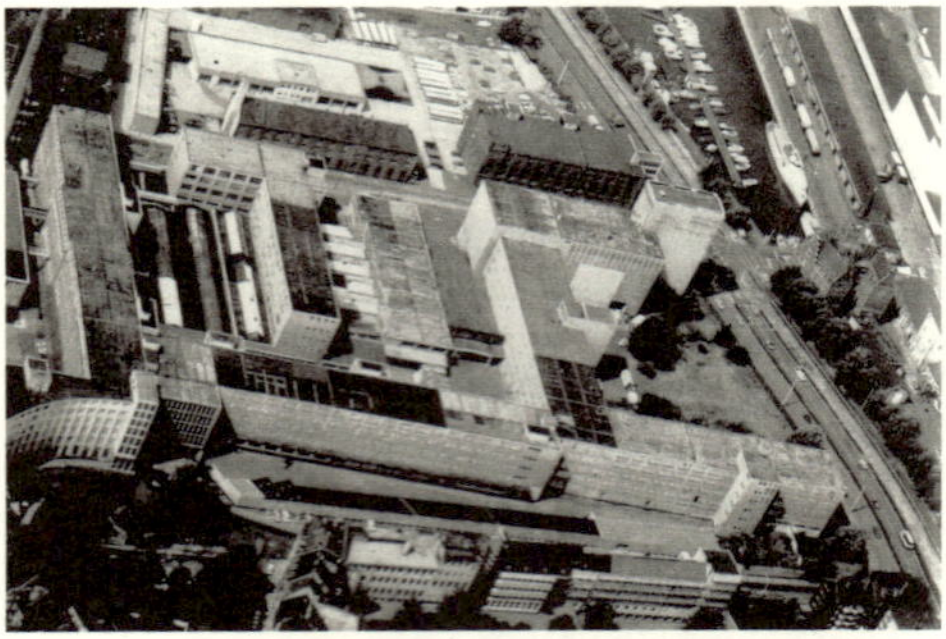

ケルン市セヴェリン地区のシュトルベルク工場

成および特性に調和するよう配慮しなくてはならない。また将来の住民が地域の計画および実施面で協力し参加してくれるような建設の形態を可能な限り追求する。

④　コンペ地区はケルン市中心部の歩行者システムに接続していなければならない。駐車場は近くの街区の駐車場不足の一部を解消しなければならない。ただし交通が静かであり歩行者ゾーンに支障をきたさないように計画されねばならない。

コンペは一八人が作品を提出し、選考委員全員一致で入選案が決まり、市議会も決定した。一九八〇年二月のことであった。

住民参加で再開発計画を

さてこの入選案は現在ある工場をとりこわし、すべて新しい住宅として建設することになっていた。これにたいして反対運動が起こったのである。

反対運動の契機は、コンペに応募していた、地区の歴史環境保全の一環としてチョコレート工場をそのまま生かして住宅に改造することを主張する「古都南部市民会議＝ＢＩＳＡ」のメンバーと、「安い住宅のための経済的可能性調査」に参加しているプランナーの団体「シュトルベルク住宅グループ」が協同してつくった案が三位になったことである。住民の多くはそれを支持していたのである。

市議会の決定にたいし住民は反対運動を起こした。

一九八〇年五月二〇日、約三〇〇人の学生、労働者、アーチストが工場を占拠し住みついた。

そのことを新聞で知って、占拠された工場の様子を見にでかけた。

工場の壁にはいたるところ、「シュトルベルクをより美しく」といったスローガンや漫画がペンキで描きなぐられ、門には立看板がたちならんでいる。

工場の敷地の中に入ってぼんやりとまわりをながめていると肩をたたくものがいる。ふりむくとひげだらけの若いドイツ人である。この工場占拠に関心があるなら案内しようという。彼はケルン大学哲学科の学生でこの占拠運動のリーダーの一人である。上智大学に留学したことがあるという。案内されて工場の中へ入ると、入口にはまたたくさんの立看板が立っていて、彼らの主張や新聞記事が貼りめぐらされている。カンパの箱がおいてある。一マルク入れるとたくさんの資料をくれた。

占拠されたシュトルベルク・チョコレート工場

工場の中の一部分はモデル住宅に改造されている。玄関ベッドルーム、居間、浴室、便所などがつくられている。自分たちの主張が可能で現実的であることを多くの人に見てもらうためだという。

もらったパンフレットには、彼らの主張がもりだくさんに書かれている。

――シュトルベルクの土地を次に何に利用するかは、あなたがたみんなに関係があります。再開発計画案に不満を持つ住民のみなさんは、それぞれ自分のアイデアを出してください。再開発はみなさんの希望や財布の中身にこたえられるように決定されるべきです。

――わたしたちの計画案は、ここにある価値の高い建物を利用すること、住民の関心を高め世論を活発にすること、地区を親しみやすさのあるものにすることです。

――市はシュトルベルク工場の建物をとりこわしてあらたに建設する計画案を採用しました。しかし、ほかの方法が可能です。工場を改造するのです。こうすることによって有利な価格の住宅ができます。地域の住民が入居でき、必然的にコミュニティが成立します。

――社会住宅が新築されることは、かぎられた住居面積に、高い家賃に、漠然とした建てかたに、押しつけられた住居水準に、住民が適応しなければならないことを意味します。その結果、社会住宅への適応を強制され、旧住民にとっては、新入居家族との争い、生活習慣の変更、家族構成の解体、コミュニティの喪失、あるいは借金（分譲住宅の場合）、そして最終的には社会福祉事業ませんでした。わたしたちはコンペ案をつくるにさいして、ひとりひとりの住民にたずねました。トルコ人一家、イタリア人一家、ドイツ人一家、身寄りのない老婦人、商工業者、女性家主、年金生活者など。これらの人は全員が工場のとりこわしに反対し、この地区に住みつづけたいと答えました。アンケートの結果はわたしたちの計画の中にすべてもりこまれました。

——市はライン河沿いに六車線の沿岸道路を計画しています。これは高速道路につながっています。これでは多大の交通量が予想され、公害のおそれがあります。

——市は地区内に業務用駐車ビル四〇〇台分を計画しています。その結果、街路は外からの車であふれます。駐車ビルの予定されている敷地は、いまは緑地です。その樹木がなくなります。子どもたちは遊び場を失います。わたしたちの代替案は、子どものために緑地を残そうというものです。外からやってくる車が少なくなり、地区内で遊んだり休養したりできます。コンクリートのかわりに緑を……。

——出発点はセヴェリン修道院のある場所、ここから完全な緑の散歩道を計画できます。緑を通りぬけ、ライン河にとどきます。家のドアからストライヘル動物園、フライルフト博物館、遊園地、公園、プール、コンサートホールをとおり、丘を登ったり降りたりしながら……新しい路が

シュトルベルク工場内部の改造モデル住宅玄関まわり

続きます。

――わたしたちは古都南部を愛し、庶民の生活を再開発と道路建設から防衛します。わたしたちすべては、ここに住みつづけていくつもりです。シュトルベルク工場は九〇年間、セヴェリン地区の街並み景観を形成する要素になっているのです。わたしたちはこれをまもります。

――私たちの計画は、保存されることを前提とした建築物と要求される機能とを新しく統合する試みをあらわしています。そのとき再開発のコンセプトは「街の中のまち」とすることに特殊な価値があります。

――わたしたちの調査によれば、工場の建物は八万六〇〇〇平方メートルの延床面積を持っています。この面積を全部新築するためには、とりこわし費用の三〇〇万ドイツマルクを含めて一億五〇〇〇万マルクかかります。工場を住宅に改造すると約九九〇〇万マルクででき、新築するよりも五、一〇〇万マルク、建設費の二〇％が節約できます。

――今回の審査手順には住民参加がまったく含まれていません。審査員は住民のニーズに適応しない案をみとめるべきではありません。それゆえにわたしたちはコンペ手順の変更について提案します。

① 現在の審査委員会は廃止する。
② すべての事業は再開発地区全体の住民といっしょに協議する。
③ 専門家（たとえば自治体職員）は住民にとっての利益と損失について検討し、批判や提案をあつめ、集会で説明する。
④ 新しい対策を住民と審査委員が共同で決定する。

案内されながらわたしは彼にたずねた。歴史環境をまもり、小売商店をまもり、住民参加で地区の改造をすすめようという主張はわかるが、なぜ低家賃の「社会住宅」にまで反対し、工場を保全しながらの改造にこだわるのか、と。

無利子一〇〇年返済の「社会住宅」

ここで西ドイツの住宅政策について説明しておこう。

戦後、西ドイツの復興は住宅建設からはじまった。瓦礫の中に立ったアデナウアー首相が「国土の復興は住宅から」と演説した話は有名である。

西ドイツの住宅政策の柱は「社会住宅」とよばれる公的助成住宅、「住宅手当」および「財形制度」

である。住宅手当は家賃の支払能力を高めること、財形制度は持家取得を容易にするための大幅な援助制度である。

戦後しばらくのあいだ、毎年建設される住宅の六割から七割は社会住宅であった。

社会住宅の建設戸数と住宅建設全体に占める割合は、一九五〇年二五万五〇〇〇戸（六八・五％）、六〇年二六万三〇〇〇戸（四五・八％）、七〇年一三万七〇〇〇戸（三八・七％）、八〇年九万七〇〇〇戸（二五・〇％）、八五年六万九〇〇〇戸（二二・一％）、八九年六万八〇〇〇戸（二八・六％）。

無利子一〇〇年返済の社会住宅は、一九八七年現在、総住宅戸数の二〇・二％（約五二三万戸）を占

西ベルリン・ハンザ地区の社会住宅　ワルター・グロピウスの設計

西ベルリンの集合住宅「ユマニテ」ル・コルビジュエ設計

める。そのうち借家は一六％、持ち家は一四％。これを州であると同時に都市でもあるハンブルク、ベルリンで見ると、借家の社会住宅はそれぞれ住宅全体の三五％、三八％である。

第二次大戦後、東ベルリンとの境に近いハンザ地区で、政府は、ワルター・グロピウス、オスカー・ニーマイヤー、ミース・ファン・デル・ローエ、ル・コルビジュエなど当時の世界的建築家をあつめて集合住宅展をひらき、西ドイツの住宅建設への力のいれようを誇示したが、これも社会住宅であった。

シュトルベルクで問題になったこの社会住宅は、多人数家族、高齢者、障害者、低所得者などのために住宅供給をおこなうことを主眼としているが、日本やイギリスの自治体による公営住宅とはかなり異なっている。

企業、団体、個人などが住宅経営を希望すると、政府は自治体をつうじ当初の条件として無利子・一〇〇年返済の金を必要資金の半額以上貸してくれる。残りの資金は貯蓄銀行、抵当銀行などから低利で借りる。自己資金を使うばあい、配当は四％に制限される。

建設された住宅の原価家賃が決められた額（たとえば一九八〇年のケルン市のばあい、一平方メートルあたり五・四五マルク）をこえると、政府は（一平方メートルあたり一・八マルクを）補助する。補助金は二、三年ごとに少しずつ減らされて一二年後にはゼロ、したがって傾斜家賃のかたちをとる。入居希望者は市の住宅局に申しこむ。新聞広告で見つけるばあいもあるが、多くのばあい家主、借家希望者ともに市役所に登録されている。収入、家族数などが資格に合うと入居資格証明書を発行してくれる。

入居できる住宅の広さは家族の人数と対応していなければならない。社会住宅の面積は五〇〜一三〇平方メートル（内法面積）。二人世帯用は一寝室と居間、三人世帯用二寝室と居間、四人世帯用三寝室と居間、それ以上の世帯では一人につき一寝室ふえる。ほかに食堂、浴室、便所と副室（こうした住居基準の考え方は西欧諸国のすべてに共通している）。

家賃が入居者の収入の二〇％をこえると、その部分をまた市が補助する。

つまり三重の補助制度で、家族構成に応じた広さと収入に応じた住居費負担を保障する。全連邦の平均家賃は純月収の一七％になっているが、社会住宅は二〇％、一般借家は二五％をこえるべきでないという規定がある。

社会住宅の供給団体は住宅企業が九割を占め、その四分の三は自治体などが出資する公益住宅企業で、日本の住宅公社のような形態である。

アーヘン市内のＧWoＧ（ゲーヴォーゲー）という住宅企業を訪問した。この企業の株は、アーヘン市が六〇％、市立貯蓄銀行が二五％、民間会社が一五％持ち、市の助役が重役に入っている。労働組合が経営主体となっているばあいもある。有名なのはハンブルクに本部を持つノイエ・ハイマートである。一九二六年にドイツ職能組合連合会によって創設され、翌年、「非営利小住宅

アーヘン市内の個人経営による社会住宅

建設有限責任会社・グロースハンブルク」として拡大、第二次世界大戦後はノイエ・ハイマートに改称され、一九六九年には労使同数による共同決定制度が導入された。一九八〇年現在三三万戸の賃貸住宅を保有し、一〇万戸の分譲住宅を供給した。

土地は自分で用意するばあいもあれば、自治体の保有地をわけてもらうばあいもある。西ドイツでは土地の長期保有は公的機関だけが許される。アデナウアー元首相はケルン市長時代、片っ端から土地を購入し公有地をふやした。自治体は、価格コントロールの規定を含んだ土地の先買権を行使して公有地をふやす。条件の悪い土地を安く買い、一〇年後に住宅用地として指定し、公益住宅企業のために利用するようなこともする。土地利用については自治体が絶対的権限を持っているから、できることである。企業が市へ土地を寄付するケースも多い。こういう土地は必ず公共用地として使う。その後、都市計画法制は一九八六年「建設法典」に統合、そのさい価格制限つき先買権はひきつがれなかった。

これらの何十年、何百年も前から所有する土地がいまも大量に存在し、それが都市計画の基礎をなしている。一九七七年現在、西ドイツの人口一〇〇万人以上の都市では、市域の土地の平均四六％を市が保有している。そして厳しい土地利用規制と、建物の各階の用途まで規定できる「地区詳細計画」が住民の参加と合意のもとにつくられ、それが都市の居住空間を保障し美しい街並みをつくっている。

個人で社会住宅を経営する人も多い。

ハネス洋子さんはドイツ人と結婚してアーヘン市内に住んでいる。音楽会で知りあって自宅にまねかれた。最近夫を亡くした七〇歳すぎの義母が社会住宅を経営している。五階建て六戸の二階に自ら住み、五階には彼女夫婦、三、四階の四戸を貸している。一階はガレージなど。

手づくりのケーキをご馳走になりながら話を伺った。

「建築のとき政府の補助がないかわりに家賃を自由にできる自由家賃住宅と、社会住宅のどちらにするか迷いました。でも社会住宅にしてよかったと思います。借家人をさがす苦労も不動産屋に周旋料をとられる心配もありません。空家になれば市役所が自動的に借家人をおくりこんでくれます。家賃の支払いも市によって保障されています。インフレ率に応じて家賃はあがることになっています。資金の返済も楽です」

ハネスさんのお宅にはその後もたびたびお邪魔して、アーヘンの住宅事情のほか政府・自治体の考え方、行政のやりかた、ドイツ人の生活と意見などについて伺った。老婦人の仲間は、毎日のようにだれかの家にあつまって、コーヒーを飲んだり、交代でケーキをつくってきて話をするのが楽しみという。

――いつもどんな話をされているのですか。

「ソ連のアフガニスタン侵攻に腹をたてたりしています。その日の新聞にのった話題が多いです」

歯医者、弁護士、建築家、企業家などで資金運用として社会住宅を経営する人も多い。短期的には大きな利益があがらないが、長期的には有利な投資だという。

社会住宅は民間の力を借りているが、その性格は公共的性格の住宅である。これが本当の民活なのかなと思う。

ふらつく「社会住宅」

こうして戦後の住宅政策の結果、全体として住宅事情は急速に良くなる一方で、都心部から郊外への人口の流出がつづいた。一九七二年と七五年の総選挙では都心の住宅改善が大きな争点となり、借家人の保護や都心部での住宅の用途転換を禁止する法律がつくられた。

住宅を事務所など他の用途に使うだけで即刻退去させられ一万マルクの罰金が科せられる。郊外でいくら住宅を建てても都心から住宅がなくなれば住宅不足は解消しない。コミュニティが消える、人のいない街は都市ではない、という考えである。アーヘン、デュッセルドルフ、ケルン、ミュンヘン、ゾーリングン、ディースブルクその他、連邦政府は州にたいして該当する都市を指定する権利をあたえている。それにもとづいてケルン市は、一九七四年に条例をつくった。

ところでこのときのシュミット政権は社会住宅の建設割合を急速にへらし、七〇年代後半になってからの数年間は二〇％台になることもあった。

ケルン市内の再開発社会住宅

また建設費の値あがりで家賃の上昇がはなはだしい。家賃への補助が段階的に減っていくことも高家賃化をまねいている。それに戦後の社会住宅の大部分は賃貸であったが、近年は持ち家が半分以上を占めるようになった。たとえば一九五〇年に新築社会住宅の八二％を占めた借家は八〇年には四一％にへっている。そのうえ七〇年代の後半からは賃貸社会住宅の持ち家化がすすめられた。借家人の権利はつよく保護されているので、社会住宅の所有者が借家人を追いだすことは不可能に近いが、それでも漸次持ち家化がすすみ、賃貸社会住宅のストックは減少する傾向をみせている。

住宅政策の力点が住宅改造中心にうつったことも家賃上昇

に作用している。古い住宅は設備が悪いが家賃が安い。これを修復したり改善するさいにも政府は援助しているが、それでも家賃が上がる。

こうして、住宅問題が基本的に解決されたといわれる西ドイツで、若い夫婦、学生、社会的弱者といわれる人たちの住める住宅は次第にへり、新しい住宅問題が登場してきたのである。

先のパンフレットにある占拠者たちの主張を要約すると、次のようなものです、とリーダーのB君は説明してくれた（B君は、あとで何か文章にするときは名前を出さないでほしいといった）。

「社会住宅は家賃が高い。年々あがる。この工場を住宅に改造すると建設費は安くてすむ。しかもこの地域は少数民族、学生、労働者、芸術家の住む歴史的伝統地域で、画一的なアパートを建てるより住民といっしょに伝統的景観をまもりながら住宅を供給したほうがよい。

それに最近の社会住宅は持ち家が多い。家を買うためには無理をしてはたらき貯蓄をしなければならない。昼間、工場ではたらいたあともどこかではたらく、新聞配達をしている人もいる。家のために一生はたらいていると他のことを考えなくなる。社会住宅はいまではよくない制度だ。改革される必要がある」

若者、労働者のほか、教師、弁護士、電気工、医者、そしてコンペで工場を住宅に改造する案を出した建築家グループが工場占拠に加わった。

ドイツでは、いったん居住したものを暴力で追い出すことはできない、という一九世紀からの慣習法がある。

地域の住民は移動トイレ、机、椅子、ベッド、毛布、水をはこびこんだ。電気もおこした。先の建築家と大工らは工場の一部を改造してモデルルームをつくった。病人が出ると医者が面倒をみた。

モデルルームの見学にきた人たちのアンケートによると、一三〇〇人は「なかなか良い」といい、三五〇人は「すぐ住みたい」と答えた、とチラシには書かれている。

対話を支える「住居哲学」

工場を出たあと、近くの店でビールを飲みながらB君は説明をつづけた。

「ぼくたちは最初二〇人ほどで市民運動団体〝シュトルベルクを考える会〟をつくりました。占拠後、工場内にモデルルームをつくろうとしたところ二〇〇人以上がその応援に来てくれました。ぼくたちはモデルルームを市民に公開し、市役所の人たちにも招待状をだしました。市からは来ないばかりか、市民が見ることを許さないと発言しました。それで、はじめは市民も来ませんでした。

しかしぼくたちはこれを市でなく市民のためにつくったのです。古いまちの風景を大切にすることは人間の心を大切にすることなのです。古いものを簡単に捨てることは人の心を捨てることなのです。やがて見学者がふえ、それとともに工場内に入って占拠するものも三五〇人ぐらいまでになりました。市の姿勢に失望したぼくたちは、これからどうするかを検討しましたが、方向としては市と話をするほかない。それまで工場を破壊からまもろう、という結論になったのです」

別の日わたしは、事態をもうすこし客観的に把握するため、この事件を担当するケルン市住宅局の行政官に会いにいった。

とりこわし中のシュトルベルク工場

担当者はミゼーラ氏で、通訳して下さっている水原渉さんは同じような名前だねと笑った。

「チョコレート工場は市議会がこわすことに決めたのです。コンペでも建築家の過半数は建物をつぶす案でした。新築の社会住宅には低利融資があるが、社会住宅でない既存建物の改造に援助はないのです。建物のファサード（正面）をのこそうとしたら、部屋割りが合わなくなりたかくつきます。社会住宅の奥行きは普通一〇から一二メートルですが工場の幅は一九・三メートルもあるため、細長く深い奥行きの住宅ができてしまいます。階段の位置を変えたり風呂をつけたりもしなければならず、けっこう金がかかります。社会住宅に建てかえると七〇〇戸入るが、住民のプランだと四〇〇戸にしかなりません。だから家賃も高くなります」

占拠側は毎夕あつまってどうするかを討議し、市当局と何回も相談をつづけた。占拠後一カ月半ほどへて、占拠側五人と市議会の幹部四人が協議し、次のような条件で「平和的に明けわたす」ことに合意した。五人の代表とは、大学生が二人、高校生が一人、建築家が一人、失業者が一人。四棟の工場のうち一棟は占拠者のいうとおりつぶさないで内部を住宅に改造する。三棟は建てかえる。区域内に、老人用住宅、劇場、集会所、図書館、青少年広場などをもうける。市は占拠者を罰しない。

明けわたしに決まった日の夕方、約一〇〇〇人の警官がやってきた。五〇〇人は工場をとりまき、五〇〇人は中に入って退去を確認した。占拠者たちはそれよりはやく全員退去していた。三度目に訪れたとき、工場の建物は巨大なハンマーで煙をたてて砕かれ、崩れ落ちているところであった。籠城者たちの怨念が聞こえるようであった。

若者たちの住宅運動

わたしの住んでいるアーヘンでも住宅運動は燃えひろがっていた。ケルンとおなじく、若い労働者と学生に安い家賃の住宅をあたえよというスローガンを掲げて、デモや住宅占拠をくりひろ

住宅デモ前の集まり

げていた。

　秋のある晴れた日、一三世紀に創設され、優雅な美しさで知られるアーヘン市庁舎の前にくると人だかりがしている。近よってみると数人の若者がハンガーストライキをしていた。うしろに立看板があり、「住宅政策の改革を要求する」と書いてある。

　彼らは空き家になった古いアパートを占拠して住みつくとともに、安い家賃の住宅をあたえよ、と要求しているのである。

　一人の老人（男）が占拠側の若者とつかみかからんばかりにして議論している。市民のすべてがこういう運動を支持しているわけではないということなのであろう。

　翌日住宅デモをやるというので見にいった。

　一〇〇人ほどの男女が、

「住宅所有者は入居者を差別するな」

「市は投機家の利益に迎合するな」

「新しいコミュニティをつくろう」

などと書いたプラカードを掲げ、市内をデモ行進している。若者と手をつないだ妊婦もいる。二人の警官がうしろからのんびりとついていく。

西ドイツでは大学進学率の上昇とともに所得の低い層では生活をきりつめざるをえなくなり、住宅は学生にとって最大の問題になっているのである。

アーヘン市内の住宅要求デモ。後ろの垂れ幕は占拠されたアパート

古城で知られるアルト・ハイデルベルクに近いフライブルクの占拠家屋を訪れたときはおどろいた。占拠者たちは夏休みで出かけていて、中にはだれもいない。留守番役の学生夫婦が案内してくれた。占拠者たちだけで生協をつくっている。売店、喫茶店、保育所がある。生活必需品、生活施設がそろっている。建物はある不動産会社が投機目的で買いとり、正規の借家人を追いだした。そのあと放置してあったのを占拠した。占拠したときはかなりこわれていた。それを自分たちでなおして住んでいる。案内の学生によると五〇年前まではボタン工場だった。戦争でこわされて下が事務所、上が住宅に改造された。延床面積一万一〇〇〇平方メートル、大部分の占拠者は示談金で出ていった。いまのこっている七〇人にたいして持ち主は何もいってこない。占拠してからもう五年たつ。

ここでも学生は市にたいして、自分たちが住める安い家賃の住宅をよこせ、できなければ今占拠している空き家を正式に使わせろ、と要求していた。これとは別に占拠されていたおなじ市内のドレスナー銀行所有の建物は、五年間占拠されていたのが警官がはいりこみ、五棟のうち四棟の内部が住めないようにこわされ、学生は追い出された。フライブルク市長は保守党であり、ケルン市などとは占拠運動への対応が違うのだとあとで聞かされた。

その状況を目撃することはできなかったが、退去当日はすさまじかったという。警察官が事前に通告、学生は抵抗しないことを方針として決めていた。日曜日の朝四時に警官は屋根瓦をはずして放水車で水をまいた。内部はいっぺんに住めなくなった。内部にいた一〇〇人以上の学生は順次出ていった。道路には鉄条網のバリケードがきずかれ、ここでも警官約二〇〇〇人がとりかこんだという。が一人も逮捕されることはなかった。

住宅政策の発展を支えるもの

ケルン市は市長が社会民主党出身で、社会住宅が住宅ストックの三割以上を占めるほどに住宅政策に熱心である。だが、労働者、学生たちは、シュトルベルクの占拠事件でも見られるように、社会住宅はいまでは地域住民の住宅改善に役だたない存在になっていると主張する。行政側もすぐ追い出すようなことをせず、ねばりづよく話をつづける。そして結論を出す。こういう運動が住宅政策を見なおす機会となり、その発展を支える原動力になっているのか、と思わざるをえなかった。

占拠はいつもうまくいくとは限らないようだ。シュトルベルクでは、占拠の終わりごろ、いろんな問題が出た。内部は汚くなる。金がない。大きな部屋に大勢いるのでうるさい。ゆっくりねむれない。マリファナを吸うものが出てくる。B君が説明してくれたことであった。

彼とは退去後何日かたったある日、ドームの前で待ちあわせをし、ケルン市内のほかの空き家占拠の現場数カ所を案内してもらった。そのあと安くておいしいギリシャ料理店があるからと案内してくれた。店を出るとき、今日は世話になったのだからここでの代金はわたしがはらうというのだが、どうしてもワリカンだといってゆずらない。こういうかたちでケジメをつけておかなければ長期にわたる占拠運動の指導などできないのかな、と思ったりした。

食事中、B君は、日本のことをさかんに聞いた。

過密居住、ローン悲劇のことなど、以前に「住宅貧乏物語」に書いたようなことを喋った。にもかかわらず、日本政府には何の反省もなく住宅土地政策を改善しようとしないことも。だまって聞いていたB君は質問した。

「それで日本の国民はどんな運動をしているのですか。学生は、労働者は、市民は、野党は……」

彼にとって、そういう事態に耐えじっとしている日本人が不思議でならなかったのであろう。B君は帰りにいった。「どこの国も黙っておれば政府は何もやってくれませんよ」

住宅占拠運動は一九七〇年代から八〇年代はじめにかけての世界的な事件であった。

ヨーロッパ全土に燎原の火のごとくひろがり、西ドイツでは二〇〇カ所以上で起こったという。行政当局は労働者の住宅保障の責任を自覚してか、そのままにしているところが大部分であった。

戦車が突入したアムステルダムの住宅選挙運動

ロンドンでは占拠運動の事務所ができていて、そこへ行くと占拠された空室をあっせんしてくれる。機関誌もでている。わたしがロンドンでもらった小冊子には、世界の住宅占拠運動が図入りでくわしく紹介されている。

オランダのアムステルダムでの占拠運動はすさまじいものであったらしい。市の住宅政策、福祉政策の貧困にたいする反対運動として、一時期は街の住宅の三割が占拠された、とこの小冊子には記されている。空家にベッドをもちこんだら、警察でも居住者の許可を得ずにはいれない慣習法がオランダにもある。中心街のきれいな地域のマンションで、明日入居という前日にはいりこんでしまう人たちもいる。同じパンフによれば、アムステルダムの投資家が土地の値あがりと再開発を目的に多数の住宅を買い占め、住宅はあるが市民は住むところがないという事態が生じた。住宅価格と家賃が高騰したことに激高した市民の抗議運動は、投資家の家を破壊する暴動に発展し、戦車まで出動して市街戦さながらであったという。

イギリスでの空家占拠も目を見張るものがあった。一九六六年から八〇年にかけて、約二五万人以上がだれかの所有する空家にはいりこみ、許可を得ずにまた家賃をはらうことなしに居住してきた。大都市での贅沢な共同住宅から荒れはてて倒れそうな家、郊外の別荘から田舎小屋、古い教会から廃棄した工場まで、ありとあらゆるタイプの空いた不動産が占拠の対象となった（このことについては第二部でもふれた）。

街の中に住もう

ケルン市セヴェリン地区の住民が、工場をこわさず住宅に改造して住めるようにすべきだ、と主張した背景にはさらに次のようなことがあった。

ケルン市郊外に新しい社会住宅「コアバイラー団地」ができた。この土地は、前述のように

ケルン市内の「コアバイラー団地」の社会住宅。
左側に見える棟は最低所得者用

コアバイラー団地の高層住宅（左下は駐車場）

アデナウアー元首相がケルン市長だった時代、市の周辺の農地をたくさん購入し公有地化した。いまではケルン市は市内でいちばん大きな土地所有者になっている。それを一〇年後ぐらいに宅地化し民間所有地と交換するなどして必要な土地を入手し住宅や公共施設をつくる。西ドイツの計画的なまちづくりは自治体による公有地の拡大が基礎になっている。自治体の所有地だけが規制緩和できる。コアバイラー団地はそうした計画にもとづき、低所得者用の社会住宅としてつくられた。居住者は一般的な低所得者層、トルコ人のほか、カトリック教会の簡易宿泊所（夜の七時から朝の七時まで泊まれる）に居た人、独身の老人、病気やアル中や刑務所からの社会復帰者などである。要するに社会的弱者ないしは社会からはぐれた人たちがコアバイラーにあつまってきた。

ここで大きな問題が生じた。低収入の子持ちの人たちが入っても、あるのは高い建物だけ。居住環境が人間的でない。犯罪がふえた。若いものは盗み・公共の器物をこわすバンダリズムをはたらく。良好な居住地としての雰囲気がなくなった。家賃をはらわないものが出てきた。そこに生じたいろいろな問題が新聞やテレビで報道された。これが社会住宅にたいするイメージをいちじるしく悪くした。コアバイラー団地に申しこむ人がいなくなった。空家ができ、それでいよいよどこにもいきようのない人たちがまたあつまってきた。

シュトルベルクにもし同じような社会住宅団地ができたら、二〇〇〇年の歴史のある街がこわされてしまう。こういう住民の思いが、ケルン市がわざわざ工場を買い戻して社会住宅を建てようとしているにかかわらず、それに反発するひとつの背景になった。

それではそういうことが生じないようにと、もしシュトルベルクに高級住宅が建ったらどうなるか。そうなれば地元住民は入れない。人間だれでもそうであろうが、ケルンの人びとはとくに自分の生まれた街を愛している。ボロ家でもいま住んでいるところから出たくない。地方から帰ってきてドームを見ると、涙がこぼれるという。歴史のしからしめるところなのだろう。

だからセヴェリン地区がそうなっては大変だと、反対運動の会ができ、市民の署名をあつめる運動が起こった。それは低所得者や社会的弱者の居住をこばむというのでなく、地域の歴史環境や住民の生活をこわし、コミュニティに関係なく上から異質な住宅をおしつけることへの反発であった。工場をそのままのこし住宅に変える。既存の古い住宅もこのさい修理する。そうすれば街の風貌を大きく変えることなく安い家賃の住宅を供給できるはずだ……。

歴史のある古い街だから住宅も古いものがたくさんある。風呂のない汚い住宅、それに家主は金をかけてなおそうとしない。借家人が出ていったあと家主が修理すると、家賃が倍にもなり、金のない人は入れない。どちらもこまる。そうかといって三〇年から四〇年もこの地区に住んできたものが、住むところがないならコアバイラーに行け、と追い出されるのはかなわない。

何のために自分たちは議員を選挙したのか。市議会議員は地元の住宅改善のためにはたらきなさい、と議員たちにもはたらきかけた。

そして、こういう考えに住民は確信を持っていったのである。それが運動の力になった。

ある日、わたしは自分の眼でたしかめようとコアバイラー団地をたずねた。

ケルン中央駅から市電で二五分（西ドイツの大抵の都市には今も路面電車がある）、駅は団地の商店街につながっている。眼の前にアパートがある。便利このうえない。だが、これはいかん、とまず思った。とにかく陸の孤島なのである。駅舎のまわりには何もない。だだっぴろい原野がひろがっている。

団地の中に入る。一五階、二五階といった高層住宅群がつづく。その前の道を、鼻をこすりあげるようにしてそびえる高層住宅を見上げながら歩く。建物はカラフルなペンキで彩られている。

黄色、薄茶色、緑、クリーム色の壁は昨日塗られたのではないかと思うほど綺麗である。

にもかかわらず何とも殺伐とした雰囲気。何が、といぶかる。

巨大高層住宅群の持つ圧迫感がすごい。歩いていると重くのしかかってきそう。広場で遊ぶ子どもたちの芥子粒のような姿。これでは心はなごまないだろう。長さ一〇〇メートル以上ある三階建ての駐車場。つめこめるだけ人間をつめこもうという考え。ここには人間の居住地をつくるという発想がない。これでは、居住者自身気がつかないうちに気持がすさんでいくのではないか。とにかくこれは人の住む街ではない。

救われたのは低層の老人住宅。花いっぱいのバルコニーから見える老人たちの姿はにこやかである。建築の形式が違うだけでこれだけ差が出てくるのだろうか。シュトルベルクの人たちの気持がわかるような気がした。

高齢者用「社会住宅」のゆとり

コアバイラー団地のほか、西ドイツの各地で社会住宅を見てまわった。日本では、一九七五年から八〇年にかけて福岡市内に住むひとり暮しの老人たちが、公営住宅法を盾に単身者の入居申し込みを受付けさえしない福岡市を相手どって裁判を起こしていた。そのとき法廷で証言に立ったこともあって、ヨーロッパの老人住宅を気をつけて見てまわった。

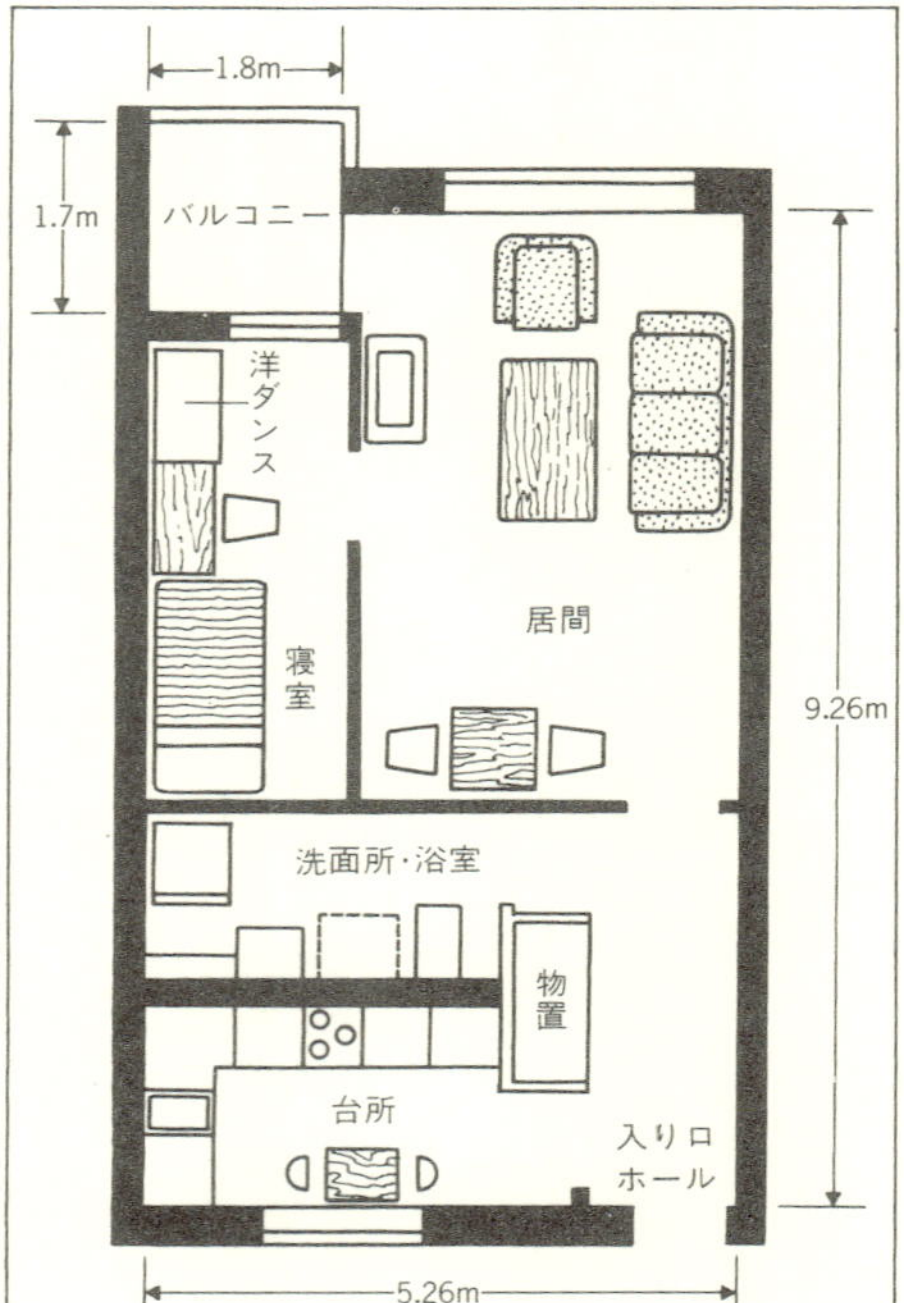

西ドイツのひとり暮らし老人用社会住宅
（内法で 44 ㎡、バルコニーを含まず）
次頁の写真はその外観と室内。

アーヘン市内のひとり暮らし老人用社会住宅を見ておどろいた。住宅の床面積は内法で四四平方メートルある。室内の構造壁、パイプスペース、バルコニーなどは面積に入らない（日本の公共住宅の平均は2DK、床面積は壁心で計って四〇平方メートル余り。西ドイツ風に計ったら三〇平方メートルぐらいだろうか）。

ひとり暮らし老人の住宅といえども大きな居間がある。住宅は私的な性格がつよいが、その中で寝室はより私的な空間、居間は社会的な空間である。そこは隣人や子どもの家族とのコミュニケーションの場でもある。

ケルン市がシュトルベルクの住宅計画コンペにさいして出した条件の中に、「コンペ地区の将来の住民のほとんどは現在の地区住民である」という項目がある。これはひとつの見識である。

一人暮らし老人用社会住宅（ケルン市内）

一人暮らし老人用社会住宅の内部

この地区の住民は、七五％が一人または二人の世帯なのである。それで、「老人用住宅を多く提供する」「他の再開発地区よりも多く小住宅をつくる」ことが提示された。これは社会住宅としてであるが、それと同時に民間セクターには室数の多い住宅を高い割合でいれることを指示した。

第一一章　生まれかわったシュトルベルク

一九八六年七月四日の日記から

スウェーデン・イエーヴレでの「国際住宅研究会議」の帰途、ヘルシンキ、オスロウ、ワルシャワ、ブダペストをまわって、夕方おそくケルンについた。この会議は、政治、経済、法律、社会学、社会政策、地理学、産業論、老人学、建築、都市・地域計画などの専門家による住宅と政策にかんする学際的な研究発表と討論の場で、一年おきにひらかれている。今回はスウェーデン国立建築研究所が世話をやき、世界から四〇〇人ほどあつまった。日本人は一人だけであった。

以前からいちど泊まりたかった大寺院横のホテル・ドームに宿泊する。週末で料金を三〇パーセント割引してくれる。夕刻にわか雨でホテルにとじこめられるが、九時半ごろやむ。外はまだ十分明るいのでタクシーでシュトルベルクに行く。

あっと驚く。なんときれいな住宅地になったことか。思わず「やった!」と声が出る。

生まれかわったシュトルベルク工場

シュトルベルク住宅団地内で遊ぶ子ども

団地内にできた老人住宅

かつて工場の南側のポスターがべたべたと貼られ、ペンキの落書きでうめつくされていたコンクリート塀のかわりに、明るい色調に装われた個性的なデザインの集合住宅がたちならんでいる。前面道路は通過交通をストップし、緑地と駐車場になっている。守衛室のあった工場の入口あたりは老人ホームの玄関になっている。中庭をかこむ花壇。

老婦人たちがあつまってパーティーをひらいている。

しばらくながめたあとカメラを忘れたのに気がつき、バスでホテルへもどる。

七月五日朝、再びシュトルベルクにむかう。歩いてゆく。街並みと人通りは以前とすこしも変わらない。途中、革製品の店がバカンスに向けて店じまいのバーゲンをしている。値段は半額。黒の革製ネクタイを一本買う。

一時間ほどかかって団地につく。夕べは気がつかなかったが、水にぬれたレンガ色の舗装路は、ピンク、薄茶、薄緑など、カラフルな建物の色調と並木の緑によく映えておたがいをひきたてている。なんとも明るく楽しい雰囲気。一年ぶりに対面するシュトルベルクに心がときめく。老人ホームの庭のみごとさ。花いっぱいの庭にかこまれて、白色のベンチ。夕べはパーティーで賑やかだったが、今日は白髪の老婦人がひとり、もの思いにふけっている。

団地の中をつきすすむ。道路の上で子どもが三輪車にのって遊んでいる。若者がサッカーボールを蹴っている。階段の踊り場からは幼児が顔をのぞかせている。改造して住宅にするという約束の工場一棟はそのまま。

ケッペン家に向かう。ケッペン夫妻とは昨、八五年七月に知りあった。ボンで日本の都市研究懇話会と西ドイツ政府が研究会議を持ったとき、合間をぬってシュトルベルクを訪れた。ボンから路面電車で一時間ちょっとの距離である。このときすでに一部の住宅はできていたが、全体がまだ工事現場のようで大きな感動はなかった。団地の中を写真をとりながらきょろきょろしていると、向こうからしきりに会釈をするドイツ人がいる。やがてうしろから日本婦人の姿が見えた。ケッペン興子さんは運輸省に勤めるクリストフさんと結婚してもうながい。招じいれられるままに内装工事中の家を見せてもらった。それ以来である。

運動のはじまりは幼稚園

予告なしの訪問だったが、休日で御夫妻は在宅であった。先日、久しぶりに日本へ帰ってきたが、東京の都市計画は無茶苦茶ですね、というのが夫人の最初の挨拶であった。夫妻といっしょに船上パブ「アルテリーベ」にでかけ、ビールを飲みながらシュトルベルクについての話をはじめからゆっくりと伺った。

興子さんはこの運動に最初のころから参加していたのである。

「シュトルベルクの住宅づくりではＢＩＳＡ（古都南部市民会議）が大きな役割をはたしました。一九七〇年に小さな子どもを持っている母親四、五人が幼稚園を建てようとはなしあったのがはじまりです。南ケルン地区に住んでいる人たちの郵便箱にビラをいれ、〝幼稚園が必要です。集会にあつまって下さい〟とうったえました。幼児のいる住民はほとんどあつまりました。ケルン大学の旧館の一室が空きっぱなしになっていることがわかったので、すぐに父兄と子どもがいっしょになって占拠しました。父親は旗をたて、母親は乳母車、机、椅子を持ってきて、みんなで歌を唱いました。

運よく選挙の前で、翌日市長がはなしあいにやって来ました。市が幼稚園をつくるまでうごかないというと、市長は納得し、すぐに仮設幼稚園ができました。ついで公園をつくったり交通安全をはかったり、バザーや祭りで資金を集めることをしました」

「ＢＩＳＡは街をよくするいろんな活動をします。だれでも会員になれます。公園がつぶされて自動車道路になりそうだときくと、すぐみんなで市長や議員に手紙を書き、新聞に投書し、ビラを配りました。市にまかせたのでは何をやるかわかりません。圧力をかけないと何も出てきません。こうして市のやること、地域のことにみんな敏感になっていました」

「そこへシュトルベルクの話が出てきたのです。調べてみると、どうも変なのです。通りの小さな店の人さえ知らないのです。ビラをつくって市民に知らせました。市にかけあいました。市はびっくりして買いもどしました。チョコレート工場が売りに出たとき市はその敷地を優先的に買う先買権があるのに買わなかったのです。そしてケルンの資本家が二万五〇〇〇マルクで買ったのを、市民の追及にあって倍の値段の五万マルクで買いもどしたのです」

「市民も最初から、工場をこわさない案を支持していたわけではないのです。市はなんとかこわす方向に持っていこうとしました。工場を改造した住宅では安い家賃になっても醜くなるぞ、下層の人があつまってくるぞ、と市民をおどしました。

ところがこの地区からコアバイラーに行った人で地域にかえってきた人がいたのです。住みなれた土地をはなれることの意味、地域社会から孤立し特定の階層の人たちだけが住むコアバイラーで起きていることについて、その人の話を聞きました。また年々値段が高くなっている社会住宅では地元の住民が入れるのか心配でした」

「建築家は、だれでも入れるモデルハウスを非常に安く工場のいちばん条件の悪いところにつくりました。こんな悪い場所でもこんなふうにできるのだということを見せたかったのです」

「そのころ一つの判決が出ました。ベルリンで賄賂をとって公有地を建築会社にはらい下げたことが発覚して、捕まって裁判にかけられ、刑が決まったのです。工場がこわされ新しいデパートとマンションが建つことは、敷地を一般市民のためでなく金もうけに利用するのと同じことだとみんな考えたのです」

ケッペンさんはこう結んだ。

「あの運動がなかったら、工場跡地はデパートと高級マンションになっていたでしょうね」

事実、一九八二年一一月二五日付ケルン市広報には、この騒動の一部始終が書かれているがそこには当時の市の考え方がこう記されている。

――からになった工場を住宅に改造するか、文化的、社会的目的のために使うかはともかくとして、敷地利用の希望者が長蛇の列をつくっている中で、はじめから市が工場の所有者になることはまったく不可能であった。――

これを読むと、右のケッペンさんの感慨がよく理解できる。

しかし、とケッペンさんはすぐにつづけ、眉をくもらせた。

「もういくつかの問題がでています。分譲と賃貸が共存していますが、社会意識の違いはどうしようもない。夏祭りをやったが参加しない人がいる。ビールを飲みはじめたら大勢来ましたが若者はあい変わらずものをこわすのです。ガレージの自動扉、電柱、植木など。子どもをつかまえて親と交渉したがだめでした。親自身ゴミを廊下にほうりだす、金が入れば酒を飲む、夜なか大さわぎする、隣近所とケンカする人がいるのです。これからが大変です」

住民の心配していたことが現実となった。もし工場を改造して住宅にしておれば、たとえ低所得者が入ってもこういうことは起こらなかったのであろうか。それとも……。

シュトルベルクの工場（改造前）1980年

同上（改造後）1990年

再びシュトルベルクで

一九九〇年七月、わたしは四年ぶりにシュトルベルクを訪ねた。今回もパリでの国際学会の帰途である。

すべてが完成していた。あの工場が遂に白亜の集合住宅に変わっていた。工場の面影をのこしながら、古典的なスタイルで、昔からそこに在ったような、風格を示していた。

アーチの窓、階段室はガラスブロック、全体は六階だが四階の部分もあって単調さを救っている。住民が主張したように工場全体がこんなふうになってもよかったのではないか、とさえ思った。地元の人たちの想いはどんなものであろうか。三分の二は賃貸、三分の一は分譲である。アパートの前庭は子どもの遊び場。それをとり囲むようにして、幼稚園、集会所、老人住宅、老人ホームが建ちならんでいる。

ケッペンさんの話がはずむ。

「天井が高くモダンによくできているので居住者の評判はよいですね」

「この団地ができてきれいになってから、周辺の人たちのあいだでも自分の家をきれいにしようという気運がもりあがってきました」（あとで団地のまわりを歩くと、たしかに工場改造住宅に面した住宅もその裏側の住宅も、塗装しなおされて、新築のようになっている）

「バルコニーを花で飾ったり自分で樹を植えるようにもなりました。街のほうの汚いところが目につきだし、市にたいしてもっときれいにするよう要望するようになりました。一つの通りの樹に一人一人が名前をつけて、これは私が面倒をみますと、水をやるなどするようになりました。団地の中のバンダリズムもなくなりました」

「占拠のころから古い家には老人がいました。家主はこのままだと危ないから出ていってくれ、と立ち退かせようとします。老人には行くところがありません。何世帯かがいっしょになって家を保障する要求を市に出し、改造させ、すばらしい家にしました。これらの古い家は戦後市から融資を受けているので、市が圧力をかけるとやらざるをえません。内部は家主が修理する、外部は勝手にやるとバラバラになるので市がやります。また市が古い家を買いとって修理し、安い家賃で貸します。この団地ができてからこういうこともふえました」

「市民が〝家が汚い〟と家主につたえ、家主がやらないと市に行くのです」

シュトルベルクの運動がもたらした成果はほかにもたくさんあった。たとえば団地と道路をはさんで郵便局の倉庫があった。古い建物をのこそうという市民の運動の流れの中でこれをこわせなくなったケルン市は、思いきって金をかけて市民の集会施設に改造した。

「音楽会、音楽の練習、ディスコ、社交ダンス、各種パーティーなどに使える部屋ができました。絵画きのアトリエもできました。これまでに市民の誕生パーティー、ドイツ人とトルコ人の交流パーティー、などさまざまの会合にも使われ、今では市も喜んでいます」

72 10 27
62 87 84
66 26 15
74 67 01
43 98 69
71 12 04
17 32 82
81 63 21
70 73 98
88 12 96
29 27 61
73 93 1 18
81 73 66
60 45 38
61 50 28
13 52 49

Miesterfeld Friedrich u. Waada 81 69 82
21 Tempel-53
Mieszkowski Kazimierz 66 69 34
80 AdolfKober-6
Mieterbeistand e.V. Berat.St. 13 73 91
Mieterbeistand e.V. 13 21 78, 13 63 19
1 Gereon-46
Mieterverein Köln e.V.
1 Mühlenbach 49 23 33 73
Mieth Gabi u. Uwe 1 Mathias-17 23 25 44
Miethke Andre 84 01 09
91 AmHirschsprung 46
–Annemarie 50 Roon-9 39 43 94
–Arnfried Rechtspfleger 37 18 63
51 Brühler-44
–Eva-Maria 30 Hindemithweg 7 50 10 85
–Michael 1 Frieden-58 12 36 31

どこの都市でも電話帳を開くと借家人組合の住所と電話番号がでている。ケルンで

ケッペンさんの案内で施設の中を見てまわった。もと倉庫だったというだけあって建物はみるからに頑丈、階高も高い。新たに天窓がつくられ、三階からの光が吹抜けの階段をつうじて一階にとどいている。

シュトルベルクを住宅にすることで地域全体が徐々に変わっていた。住民が街の主人になりつ

つあった。

借家人の味方「ドイツ借家人同盟」

西ドイツ市民の住まいにかかわる運動はむろんシュトルベルクのような個別の活動だけではない。世界的にみてもきわめて強力な借家人の権利をまもる組織がある。

どの街にいても、電話帳をひらくと、大きな活字で借家人組合の住所と電話番号が目にとびこんでくる。

家賃の値上げ、立ち退き請求、建て替え等々、借家人の居住権が脅かされるような事態が発生したとき、全国に二五〇以上ある借家人組合にかけこむと、強力な弁護団がいて助けてくれる。

フランクフルトにひとり暮らしの老人がいた。家主は家賃の値上げに応じない老人を立ち退かせてマンションにしようとした。だが老人はホームには行きたくないし費用も高い。借家人組合に訴え、テレビでもとりあげられ、同情の運動がおこった。このような市民同士が借家人を守ろうとする動きがこの組織を支えている。政党とは一切かかわりがなく、意識的に排除する。それが強力な組織にしたともいわれる。政党ごとの相談所もあるが、力はきわめて弱い。入会金一四ドイツマルク（一マルクは約九〇円）、年会費九六マルク。

西ドイツの全世帯数は二五〇〇万、そのうち借家世帯は一五〇〇万で、六〇％を占める。

借家人同盟の主張

借家人組合の連合体がドイツ借家人同盟（ＤＭＢ）である。借家人組合を訪れると、どこでもうすい小さなパンフレットをくれる。そこには借家人同盟の考えかたと借家人への助言が書かれてある。それを紹介しよう。

ケルンにも借家人組合（ＭＶＫ）がある。その議長でドイツ借家人同盟の第一副会長をかねるベルンハイト・フォイクト氏はこんなふうにのべている。

「借家人は住む権利を持っています。だが、個々の借家人は力が弱いので援助を必要とします。ケルン借家人組合は一九〇〇年以来ケルンおよびその周辺の借家人の権利を擁護してきた唯一の定評のある団体で、五万人の会員がいます。借家人組合は、あらゆる問題について借家人を助けます。賃貸借契約の締結、賃貸料の督促への対応、住宅手当の申請、住宅の修繕、改装、暖房機器のトラブル、暖房費の計算、共益費（水道、煙突掃除人、ゴミ収集、土地税……）。

借家人組合は家主・官庁・裁判所のすべてに対応し処理します。

あらゆる権利訴訟について助言し、面倒をみます。

借家人組織は、借家人問題の経験豊かな弁護団です。借家人は傍観していても利益になりません！　家賃値上げや解約通知にたいする日常の不安に終止符をうちましょう。共同すれば力が強化されます。組合員になれば、賃貸借におけるあらゆる助言と援助を何時でも無料で受けられます。借家人新聞をつうじて月々無料で情報が得られます。

さああなたはいつ私達の所へやってきて、あなたの利益団体の力を強化することに協力してくれますか？」

借家人同盟については次のように説明されている。

「借家人同盟は全西独と西ベルリンの二五〇以上の借家人組合からなる強力な組織です。一〇〇万の会員がおり、借家人の強力な弁護士です。同時に政治の中で住宅や家賃が問題になると強力な力を発揮します。借家人同盟の使命は、法律や規則がつくられるさいに借家人の権利がひき下げられないようにすることです。借家人同盟には、労働組合、消費者組合、政治家、ジャーナリスト、学識経験者、その他の社会組織の人たちも加わっています。

ドイツ借家人同盟の最大の成果は、ドイツ民法典において法律上の借家人保護の権利を継承できたことです。しかしわたしたちの論証が正しくても、ひとりでに借家人に有利な法律ができるわけではありません。国会で多数派を形成しなければなりません。借家人組合では、個々の会員が重要です。各会員は自分は借家人として借家人同盟の要求を援助するのだと自覚することです。借家人組合を強化し、借家人同盟を強化することが、借家人の権利と住宅政策の発展にとって最善の選択なのです。西独には一九八七年現在一五三七万（全体の六〇・七％）の借家世帯があり、借家人は多数派です。しかし、この多数派は組織されてこそ意味をもちます。

借家人は組合、同盟で強力な対抗勢力をつくらねばなりません。

同盟の重要な使命のひとつは借家権その他の住宅の権利についての啓蒙です。法律や裁判は今日範囲がひろがり、素人にとっては非常に難しいものです。決定された借家人の権利について、同盟は新聞、ラジオ、テレビ、特別の印刷物、借家人新聞など様ざまな方法で知らせています。同盟は借家人と家主にその権利と義務を熟知させ、不満や不必要な争いを減らすことにも貢献しています。

ドイツ借家人同盟と借家人組合は個々の借家人の権利のためにだけ闘っているのではありません。よりよい借家法、あらゆる人びとが支払い可能な家賃を設定する努力をしてきています。二年に一度すべての借家人組合の代表者がドイツ借家人大会に集まります」

一九八七年の借家人同盟の大会では住宅——家賃政策のための基本プログラムを採択した。それを読むと、借家人の権利がどのように考えられているかよくわかる。

「住むことは社会的基本的権利である。すべての国民は、人間的な要求に合致した健康的な住宅に支払い可能な費用で住む権利を持っている。

住宅都市建設は、住民の社会的要求の中で上位にある。住宅市場で不利益をこうむるグループは保護されなければならない。

住生活は有害な環境から解放されねばならない。

環境へのマイナスの影響は回避されねばならない。

西独のような法治国家では、国家は国民の住宅要求をカバーできるようにする責任を持っている。国家の法的、経済的条件のもとで健康で安心できる居住を保証すべきである。

法律上の解約と不当な家賃値上げにたいする法的保護が借家人保護の柱である。借家人が家賃を支払えなくなったからといって排除されないことを借家権は保障している。

賃貸借契約中および新規契約の際の家賃の値上げは制限されている。

自由な住宅市場で住宅を確保できない人たちに可能な、低価格の住空間が用意されていなければならない。十分な公的助成により、支払可能な家賃を確立しなければならない。住居費負担は、所得との関係で妥当でなければならない。

完成したシュトルベルク住宅団地を案内するケッペン興子さん

公的助成を受けた賃貸住宅および公益住宅の建設は、社会的住宅政策の伝統的な手段として維持され拡張されるべきだ。

借家人は居住条件の決定に参加すべきである。すべての国民は、居住形態選択の自由を持つ。

経済的に最も弱い層が、最も強力に援助

されねばならない。

借家人組合は国家および政党に対して中立であり、公的援助はいっさい受けていない」

借家人への助言

借家人同盟は借家人への助言をかかげている。その一部を紹介しよう。

〈家賃と共益費〉

① 勝手な家賃値上げはできない。

旧い住宅（一九四九年一二月三一日以前に建てられたもの）および規制のない融資を受けた新築住宅は「その地域の家賃水準」まで家賃を値上げしてもよい。しかし一年間は変えられない。値上げは文書で根拠づけられねばならない。家賃法や専門家の鑑定、比較できる家賃三件などの証拠が必要である。借家人は最低二カ月間それらを確かめる時間をもてる。

② 家賃値上げに応じなかったことを理由に解約することは、法律上禁止されている。

③ 家賃の値上げは三年間に最高三〇％まででしかできない。

④ 家賃に共益費が含まれているばあい、共益費が安くなったとき家主は家賃を値下げしなければならない。

⑤ 社会住宅は使用料だけである。社会住宅家賃には収益性を算入し値上げする権利があ

るがローンの金利が下がった場合等には家主は家賃を値下げしなければならない。

〈解約からの保護〉

⑥ 家主は、家主自身が住まねばならないなど、法律的に証明できる明確な解約理由を持つときにのみ解約できる。解約理由が偽りのとき、家主は損害賠償を支払わねばならない。

⑦ 住宅家屋の売却は解約の理由にならない。

⑧ 家主自身が当該住宅に住まねばならなくなったときの借家人の特別保護。

そのばあいは、早くても三年後に「自家使用」の理由で解約できる。社会住宅のばあいは保護期間は八年である。

⑨ 借家人は賃貸住宅を購入しなければならないか？

最近、賃貸住宅を借家人に売るケースが増えているが、注意して下さい。メリットとデメリットについて事前に借家人組合に助言を求めて下さい。

〈転居にさいして〉

⑩ 仲介人は常に仲介料をとれるわけではない。

仲介人自らがその住宅の持ち主であったり貸主であったり、または物件が社会住宅であるばあいは仲介料は要求できない。

⑪ 解約の時期に注意！

退居時期は解約の三カ月～一二カ月後で、これは厳守されねばならない。

⑫　保証金は金利をつけなければならない。

⑬　無効の約款

契約書の中のすべてが正当なわけではない。借家人組合にたずねてみて下さい。

⑭　住宅に重大な欠陥のある場合に家賃は引き下げられる。

たとえば湿気があり、十分な換気をしても解消されない時など、借家人は家主にすぐその欠陥を指摘しなければならない。

⑮　一番大事なことは、まずたしかめて、それから支払うこと。

適時に情報を持っている者は余分なお金を支払わなくてもすむ。賃貸借契約の前に、転居前に、値上げ家賃支払いの前に、組合の専門家にたずねてみて下さい。恐れないで下さい。借家人組合は可能な限り援助します。

家賃値上げは家主・借家人の合議で

ケルン市には、社会住宅、一般借家をとわず守ることが義務づけられている「標準家賃表」がある。毎年これを検討し、変更が必要とみなされると改訂され、締結中の賃貸借契約に適用される。標準家賃表を検討するのは、ライン州不動産取引所、ケルン商工会議所、借家人組合、家屋・

土地所有者協会、ケルン市住宅局からなる標準家賃表研究委員会である。

"WIRTSHAFT"（ケルン新聞）一九九〇年七月二八・二九日号は、前回改訂の八八年から二年ぶりに新家賃標準表が発表されたことを報じている。それによると、

「新標準家賃表は平均で一三パーセント上昇している。この表の上限値の二五パーセントをこえて値上げを要求するケースについては、市が検討する。五〇パーセントを超えるさいは、家賃で暴利を得るものとの嫌疑で検察庁が介入する」

シュトルベルクの闘いは、市民による住む権利への闘いであった。借家人組合・借家人同盟の活動も同じ発想に立っている。これらの行動を見ていると、ドイツの法曹学者イエーリングの言葉を思い出さずにはおれない。

「権利のための闘争は、権利者の自分自身に対する義務である」

結局、こういう哲学とその実践が、住居を良くすることにつながっているのであろう。西ドイツの人たちの住まいへの認識とそれに向かっての闘いが、今日の西ドイツの住居と街をつくったのであろう。それがまた借家人の保護や家賃決定の民主的ルールをつくらせているのであろう。

そんなふうにしみじみ思う。

「社会的市場経済」は「経済民主主義」

西ドイツの住宅政策の原理は、

① プライベートに住宅を取得させる。国家と企業がそれを援助する。

② 住宅手当を支給し、住宅取得能力を高める。

③ 連邦政府と州は間接的に住宅の建築主に資金を出し、家賃を下げる、援助する。住宅に責任あるのは州で、連邦は枠組をつくり規制する。

の三点にあるといってよいだろう。

西ドイツの住宅政策を見ていると、これが民主主義というものなのだなあ、と思う。戦後、西ドイツは「社会的市場経済」政策をとってきた。自由主義経済の原理を最大限に尊重し生かしつつ、各種の公的介入と援助を加えて市場原理の欠陥をカバーしようとする制度である。住宅政策の分野では、それによって個人、一般企業、金融機関、労働組合、鉄道、教会、自治体などの資金を住宅投資にむかわせることに成功した。そして無利子一〇〇年返済という非市場原理にもとづく資金を提供し、住宅経営者の利益を保障しつつ低家賃の貸家、低価格の分譲住宅供給の可能性をひらいた。それに住宅手当が加わる。

もう一つの柱である財形制度は、日本のそれとちがって持家取得のためにきわめて手厚い補助をしている。

一九五三年のアデナウアー政権は社会的市場経済政策のもとに「貯蓄、持株奨励、住宅保有」による国民の有産化を掲げた。当初は貯蓄奨励が中心であったが、国民経済の発展を背景に一九六一年第一次財産形成法がつくられ、七〇年に第三次財形法へと改正され、その後も順次改正され発展していった。西ドイツの財形制度のねらいは、勤労者に財産取得の機会をあたえることー財産の分配構造を是正し公平化をはかること、所得増加の一部を財産にふりむけること、要するに国民の中産階級化をはかることが目的で、低所得者層が住宅貯蓄をすると奨励金をたくさんくれる。勤労者の利益と国家にとっての資金集めが同時に果せたということであろう。

西ドイツの社会的市場原理の特長があらわれているのは、都市計画、土地利用計画においても同じである。

住居と土地利用はその地域の問題なのだから、自治体行政の権限と義務としておこなうのは当然と考える。ボンで、西ドイツの住宅都市計画行政についてインタビューした連邦政府都市計画局のニードハマー氏はこう答えた。

「一九四五年以降、西ドイツの民主主義をどう確立するかを考えてきました。地方自治体への住宅都市計画行政の権限委譲はそのひとつで、連邦政府は市町村にたいして助言などの間接的指導をする権限さえありません。そういうことをすれば自治への干渉として問題になります」

民主主義というのは抽象概念でなく、住まいから街づくりまで、身近で具体的な問題を通して実現していくことなのであろう。住宅占拠運動への対応をみていても、自治体の主体性が最大限に発揮されている。ケルンでの住宅占拠問題がまがりなりにも円満に解決したのは、住宅行政の自治体における権限のせいといえるであろう。

社会的市場経済とは社会的コントロールのつよい市場経済原理ということなのであろうが、これはいいかえれば「経済の民主主義」ではないかと思う。政府の大幅な援助による社会住宅で住宅問題を解決し、財形制度で資産形成の公平化をはかり、州と自治体の権限による都市計画で生活環境ストックを充実し、国民の生活と社会をゆたかにしていこうとするねらいである。西ドイツをみていると、これが経済を発展させる意義なのだなと考えさせられる。

エピローグ――欧米で日本を考える――

デモクラシーがつくる豊かさ

夏のある日、わたしは、ケルン大聖堂の前のカフェテラスに座り、ぼんやりとまわりの風景を眺めていた。ドイツゴシックを代表するこの大聖堂は、高さ一五七メートル、黒々とした二つの尖塔を天にむけてそそりたてている。ドームのまわりには今日も観光客があふれている。石畳の広場ではいくつかのグループがエレキギター、インカのバンドなどのパフォーマンスを演じている。

いまわたしが目の前にしているケルンの大聖堂は、ドイツ民族の宗教的、文化的、教育的意義を持つ偉大な歴史遺産である。そして国土全体にひろがるライン河の岸辺や古城や美しい森……。

それは、ドイツの国土と国民の生活を豊かにしている。自然や歴史的遺産が保全され、住居と街と生活環境が美しく立派であれば、仮りに経済の成長がゆるやかでも、人びとの生活は支えられ、心の安らぎを感じる本当のゆたかさも享受できるであろう。これこそが生活の質の豊かさであり文化であるといえよう。住まいや街は、こうした生活文化を蓄積する最も基本的な存在である。民家や街並みは人々の生活と暮しの知恵が息づいている。それが文化を育み、個性をつくる。そうだからこそ歴史文化をたずねて観光客がやってくる。住居と街が生活文化を受け継ぐには、建物とまちが美しく立派に作られておらねばならない。それによってはじめて、人びとはそれを誇りにし、守り、よくしていこうという気持ちを持つようになる。

西ドイツの都市をまわって、ほかの国へ来たのではないかと思うほど驚いた。街並み景観の多くは戦争で破壊されたはずなのに個性がある。破壊前の状態に復元された街も多いが、それにしても歴史的生活環境ストック保全への熱心さには頭が下がる。古都で大学都市のハイデルベルク、温泉都市バーデンバーデン、一二世紀の城壁都市ローテンブルク、そのほかミュンヘン、ハンブルク、アウグスブルク、ニュールンベルクなど、どこへいっても街の表情がちがう。

どうしてかと考えてみた。ゆきあたった結論はデモクラシーである。

西ドイツは連邦政府制であり、州の権限が強い。日本のように全国で画一的な開発をおこなうのでなく、それぞれの州がつよい権限を持ち、地域の風土と歴史性に根ざした都市をつくる。そして市民の意志が街づくりに反映される。

市民の要求はときには非合法な住宅占拠運動などとしておきることもある。だが政府や自治体はそれを真剣に受けとめ、政策に反映させようと努力する。またそういう要求があるからこそ政策が発展していくというコンセンサスがあるように思われる。

これが民主主義というものなのであろうかと思う。

住宅占拠運動は、行政体にとってはまことにうとましいできごとである。だが少数意見を尊重するというコンセンサスが行政を含めて社会にあれば、運動は歴史をすすめ、新しい時代を創るものとして価値を持ってくる。街が個性的になるのも、街づくりに生活者の意見が反映しているからである。

西ドイツでは、住宅や街は、一〇〇年、二〇〇年、いや何世紀にもわたる環境ストックとして蓄積され国民の富をきずいてきた。それが、快適な住宅とぶらぶら歩くだけで楽しい街並み景観をつくっている。それが人びとの生活を支えている。

つくってはこわすスクラップ・アンド・ビルドの住宅づくり、街づくりでは、生活環境ストックは形成されず、経済成長の成果は富の形成にむすびつかない。日本では、なぜそういう街づくりしかできないのか。街づくりにおける民主主義の欠如が最大の原因ではないか、と西ドイツをみて思う。

そこに住む住民が街づくりの主体になれば、自然や歴史環境や街や建物や住宅を消耗品のようにしてつぶしていくことはないだろう。その土地で生まれ育った人びとにとって大切な、生活文化としての街の景観を無神経につぶすことができるのは、外部の人たちであり外部の資本である。

一九八〇年代後半の日本の「民活政策」はそれを積極的に進めたのであった。都市部はもとより、農山漁村でのリゾート開発は、地域の自然、産業、環境、そして住民の生活を破壊しつづけている。多くの自治体は、地域住民・地域社会を守るという本来の責務を忘れ、むしろ外部からの開発に手を貸しているばあいが少なくない。地域づくりの主権が住民に属していないからである。これでは生活も地域社会も守れない。住みよい生活環境は形成されない。

それぞれのデモクラシー

これらのことは西ドイツに限らない。欧米諸国に共通してみられるのは次のような点である。

（1）国民の生活空間への認識の高さ

すでに何度も述べてきたように、ゆったりした住居や整った街並みや美しい自然なしにほんとうの生活の豊かさはえられない、広い居間や静かな寝室がなければ心もからだも休まらない、自由に走りまわれる広場がなければ子どもの心身は発達しない、生活環境ストックが劣悪なままでは、仮りにフローとしての収入がふえても、健康の維持も子どもの発達も老人の福祉も成り立たない、という認識である。

そうだからこそ、経済成長の成果は生活環境ストックの充実にむけることに欧米諸国は努力をかたむける。もっぱら経済への再投資しか考えない日本とは対照的である。日本の大都市でのように、貧しい生活空間と超遠距離通勤を強いられていたのでは、日々の生活の楽しさ、家庭を持つことの意義もなくなってしまう。

都市は人が住んでこそ都市である。都市の中から住居が消え、人がいなくなり、コミュニティが失われていく現状に疑問を抱かず、「郊外で住宅を大量に供給することが目下の急務だ」などという発言が日本の政治家や政策担当者から出てくるのも、都市や生活空間への認識が基本的に欠けているからであろうと思う。現在の日本人は、生きることや生活の充足感や豊かさを認識し構想する力を見失っている。それがまた人びとをして、家を持てばよい、長時間通勤でも我慢する、といった現状から脱却させないでいる。

世界最古の救貧施設といわれる西ドイツ・アウグスブルクの「フッガー屋敷」
1519年建設　今も2マルクの家賃

人間にとっての住居の重要性の認識は、住居の確保が人間の尊厳をまもるために不可欠であり、その実現は社会の義務であるという意識を育てる。それがさまざまな形の「運動」を生むことになる。

(2) 国民の多様なとりくみ

ヨーロッパにおいて、住居困窮者に住宅を供給しようとする社会運動は、民間慈善家グループや宗教団体による救貧活動としてはやくからとりくまれていた。

ドイツのアウグスブルクにある「フッガー屋敷」は、一五一九年にフッガー家が救貧施設として建てたもので、

1930年ごろ建設された労働者住宅。俗に「ヒトラー団地」。下は当時のまま。上は増改築されている。フランクフルト郊外で

世界最古の救貧施設といわれ、今も見学者がたえない。第二次大戦で破壊されたが、戦後フッガー財団が復興し、再建されたあとも当時のままの家賃二マルクで貸している。またベルギー、オランダ等を中心にヨーロッパの都市のあちこちに中世の僧院「ベギンホフ」が散らばっている。僧院ではあるが老人のための集合住宅である。ヨーロッパの宗教活動は貧困層やひとり暮し老人のための住居を提供するという社会事業を、ながい歴史をつうじてやってきているのである。

一八世紀から一九世紀にかけてのイギリスやフランスのユートピアンたち、ナポレオン三世、エベネザ・ハワード、あるいは一九二〇年代から三〇年代にかけてのヨーロッパ住宅運動等々の存在も大きい。ル・コルビジュエ、ワルター・グロピウスといった建築家たちの集合住宅設計への強い関心も、そうした時代の風潮のなかで生まれたことであった。アドルフ・ヒトラーが大衆の心をつかんだ一因として、労働者住宅の大量建設があった。いまでもドイツ国内の各地には一九三〇年代初頭に建てられた「ヒトラー団地」がそのまま残っている。多くは増改築されているが、都市郊外の広い庭を持つ住宅は、当時の田園都市運動を反映している。

欧米諸国での各界各層の住宅問題解決へのとりくみには目をみはらされる。

企業による地域福祉への寄付は、寄付金が所得から控除されるという税制があるとはいえ、そこには企業の社会的責任への自覚がある。そのほか、建設労働組合、建築家、各方面の専門家等等、さまざまな分野の人たちがいる。

とりわけ強力なのは、借家人同盟、シェルター、非営利団体など市民に基礎をおくグループの諸活動と意志表示であり、自治体、政府、政党への働きかけである。そのような草の根の市民運動が議会や政府を動かしていった。

住宅政策は、住宅問題が深刻化した産業革命時に、伝染病の予防や労働力の確保といった支配階級の利益から出発したものであったが、こうした各界のとりくみや闘いによって、住居を人権とする政策が展開していったと考えてよいであろう。

(3) 非市場原理による住宅・土地・都市政策の展開

生活空間の意義についての認識と運動は政治を変えていく。すべての生活手段を商品として供給する資本主義社会のもとで、庶民住宅の供給や快適な生活環境や人間中心の街づくりが市場原理によっては実現しないことを、欧米各国はさまざまな住宅・都市問題の惹起とそれへの対応をつうじて歴史的に明らかにしていった。そしていずれの国も、「国家は適切な広さと設備の住宅を居住者の支払い可能な費用で供給する責務を負う」ことを規定した「住居法」を制定し、社会全体としては自由主義原理を尊重しつつも、市場のみにたよらない国家的政策としての住宅政策を展開している。

その内容はイギリスの公共住宅、西ドイツ・フランス等の社会住宅、北欧諸国の協同組合住宅、アメリカの各種補助制度など国によって異なるが、そこに共通しているのは「人間居住」を中心にすえた視点である。すべての政策はそれを実現するために存在する。例えば、

1. 自然を尊重し、土地と国土は市民共有の資産と考える。国土・都市計画諸制度による都市過集中の防止、自治の確立、ニュータウンの建設による分散政策等。

2. 詳細な用途地域制と厳しい土地利用規制による住宅地の確保と保全、快適な居住環境の形成、土地投機の禁止、開発許可制度、開発利益の吸収、自治体による土地の先買権・土地収用法等の土地政策、すべての段階における住民の参加と合意……。

3. 生活・安全・保健・福祉に配慮した住居基準の確立と実現のための諸政策、各種家賃補助制度、低利融資制度、住宅監視員制度、高層住宅の禁止……。

その国の歴史、風土、民族的気質、資本主義の発展段階、社会・政治構造、民主主義の熟成度、

そして住宅運動の性格等によって各国の政策は異なっている。

スウェーデンのように第一、第二次世界大戦にも参加せず一八〇年間平和を維持し、また社会民主党が長期に政権を担当した国と、サッチャー首相下でのイギリスとでは、国民の住宅事情に大きな差が現れる。そうした違いがあるにせよ、共通しているのは、長い努力の末に到達した住宅・都市政策、土地利用計画における非市場原理と自治体権限の確立である。自由主義経済はさまざまの利点を有しているが、市場原理では住宅問題は解決しない。土地と空間利用を市場に任せたのでは弱肉強食の世界がくりひろげられ、利潤追求を目指す商業業務的土地利用が居住地を追いはらってしまうからである。

日本はこうした欧米の諸制度を基本的に学んでいない。何よりも「居住」を軽視し、経済効率しか頭にない。アメリカはもとよりヨーロッパ諸国に比べても人口密度が高く可住地面積の少ないわが国では、国土のバランスのとれた発展をはかり、土地の利用はよりいっそうきめ細かく、規制を厳しくしなければならないのに、実際は逆である。その結果、国土の乱開発、過密と過疎の進行はとどまるところがない。ながい封建時代をつうじて培われた歴史遺産としての地方文化も急速にこわされている。中央集中を改めず、自治権を拡大せず、都市空間と国土の利用を市場原理にゆだね、土地と住宅を積極的に利潤追求の手段にする政策を進めてきたせいである。

「地価は土地の需給バランスで決まるからオフィス用地を供給することが地価抑制につながる、

用途や容積率の規制を緩和するべきである」というような発言が世にまかりとおっている。そのような「地価形成論」は業務機能の大都市集中を肯定し一層促進し、地価上昇と住宅問題の深刻化を進める「理論」である。オフィス用地の「需要」があっても「供給」してはならず、逆に規制し分散しなければならず、長期的には大都市での商業業務用地の需要が生じないような政治・国土計画・経済政策が必要なのである。それでもなお経済活動の受皿が必要というのなら、国民の住居を奪い生活環境を悪化させるような「経済成長」とはいったい誰のため何のために行われているのか、誰の利益につながっているのかが、問われるべきであろう。

一九八九年一二月に日本では「土地基本法」が制定されたが、そこには「居住権の保障」という視点はみられない。土地政策の重要な目的は、人間生存の基盤である「居住」を保障することにあるにもかかわらず、日本の「土地政策論議」はそれを忘れた論議をくり返している。土地基本法は「公共の福祉のためには、私権は制限される」ことを中心理念として掲げているが、「公共の福祉」とは街づくりの主体である住民の意志が基本となるべきであろう。資本の論理や行政権力の論理が「公共の福祉」を装って登場すれば、生活空間は実現しない。

いたるところに貧者たちを搾取するための共同謀議がある。しかも何より悪いのは、それらの謀議が公共の福祉のためという美名のもとになされていることである。

——トーマス・モア

わが国の国土計画、都市計画、住宅政策は、すべて「人間にふさわしい住居」という人権確保の視点から点検し、改革される必要があろう。

（4） 参加が「住む能力」を発展させる

イギリスは世界で最初に住宅問題に直面し、住宅・都市政策をつくりあげていった国である。その推進者は基本的に国民であった。今日でもなお自治体の住宅政策立案にさいしては、全国に何千もあるローカル・テナント・アソシエーション（地域借家人協会）の意見を聞かなければ、自治体は住宅政策を決定できない。そういう住宅(そして都市・土地)政策づくりの民主主義の伝統がサッチャー政権下での住宅政策の破局的後退をくいとめる最後の砦になっているように思われる。

住民が主権者として街づくりに参加することになれば、地域のあり方を主体的に考えざるをえない。それが人びとの「住む能力」を発展させる。地域づくりはひとりではできないから、大勢の人が相談する。それが民主主義を育てる。

戦後のわが国では、まがりなりにも公営や公団住宅が建ってきた。だが、住宅問題はいっこうに解消される兆しはない。その原因は、住宅土地政策が基本的に市場原理にゆだねられていること、そしてこれらの政策が支配層の都合でつくられた政策であって、住民の意志の反映や参加が一切といっていいほどなかったからではないかと思う。それは確かに公共住宅政策であるにはちがいないが、上からの押しつけであり、住民のものにならなかった。だから自治体は、表面はともかく本音は迷惑顔こそすれ、積極的に地域社会での自らの責務としてとりくもうとはしていないばあいが多い。住宅土地政策、都市計画が保健・医療、福祉政策等と一体化していないのも、土地住宅政策の終局の目的が人権を守る居住空間の実現にあるという理念がないせいである。

わが国の住宅事情が貧しく生活のゆたかさにつながりにくいのは、街づくりの主権と真の自治が地域社会・地域住民のものになっていないことと関係がある。

イギリスの高層住宅（グラスゴウ市で）現在は中止し、老人と子どものいる家庭は下へ移した

ロンドンの都心オダムスウォークの低層公営住宅

一九七六年カナダのバンクーバーで開かれた国連人間居住会議（ハビタット）は、「人間居住政策の策定における住民参加は、市民の権利であり義務である。それは住民の『住む能力』を発展させる」という「人間居住宣言」を採択した。

日本の都市が生活空間としての性格を失っていくことに日本人が無関心でいられるのも、住民が「居住政策」の策定に参加する権利と義務を持たないからだと思う。

生活空間の人間的再生には、生活空間づくりのデモクラシーが不可欠である。デモクラシーがそだつためには、情報が国民のあいだにゆきわたり、現状が知らされねばならない。それが出発点だろうと思う。

イギリスの「住宅人権法案」は、「情報と管理に対する権利」としてこの点にかんして、次のようにのべている。

「住宅に関する諸決定はそこに住む人びとによってなされるべきである。もし高層住宅その他の巨大なシステムを建設してきた計画主体が、それらのシステムに耐えている居住者の声に耳を傾けていれば、その弊害を防げたに違いない。居住者の意見こそは住宅計画における大きな財産である」

人間居住の課題――爆弾より住宅、そして国際連帯――

人間にふさわしい住まいを実現するために、欧米の人たちは努力をつみ重ねてきた。その基本理念はデモクラシーであり、居住の思想であり、各種の「住宅人権闘争」であった。居住における「市民の論理」「デモクラシーと人権」の確立こそは、これからの日本が学び、とりくまねばならぬ中心課題である。

さて欧米諸国はこうして、住まいと街を今日の状態にまでもってきた。だがすべてが解消しているわけではない。数多くのホームレスが存在し、社会に深刻な問題を投げかけている。

一九八九年一〇月七日、アメリカの首都ワシントンには全米各地から少なくとも一〇万人、各都市からのバスの数をもとに計算すると主催者の推計で約二五万人が集まり、「ハウジング・ナウ！」というスローガンを掲げてデモ行進した。

この集会の企画に加わったのは、ＡＦＬ・ＣＩＯ（米国労働総同盟産別会議）、アメリカ子供福祉連盟、グレイ・パンサーズ（老人福祉団体）、人権キャンペーン基金、全米教育協会、全米住宅会議、合衆国平和評議会、全米女性機構、プランナーズ・ネットワーク、全米市長会、合衆国ＹＭＣＡ・ＹＷＣＡ、平和と自由のための国際女性連盟、全米ソーシャル・ワーカー協会、全米黒人女性評議会、全米ホームレス同盟など九六団体であった。

『ワシントン・ポスト』（一九八九年一〇月八日）によると、それは一九六〇年代以来の最大の住宅デモであり、ピッツバーグのレンガ職人、ボストンの教師、フロリダの中小企業サラリーマン、そしてハリウッドの有名人までが参加し、そよ風が吹き太陽が燦燦と照らす国会と官庁街の広場

（モール）を行進した。

この住宅デモの指導者であり、「全国低所得者住宅連合」会長であるバリイ・チガス氏は叫んだ。

「あなたがたは、今日、歴史の一コマにいる。われわれは今日、ここにいる。なぜなら、われわれは、住むことは権利であると信じているからだ」

ワシントン・ポスト紙はデモ参加者へのインタビューをのせている。

1989 年 10 月 7 日、ワシントン D.C. での大規模な住宅デモ（『ガーディアン』1989 年 10 月 11 日）

1989 年 10 月 7 日、ワシントン D.C. での住宅デモ

（“HOUSING NOW！” キャンペーンのポスター）

「私は共和党員ですが、ブッシュ大統領はなぜ膨大な額で爆弾を購入することを正当化できるのでしょうか。彼はなぜ、民衆が居住するのに必要な土地を提供しないことを正当化できるのでしょうか」（女性、三七歳）

集会に参加したワシントンDC市長、オハイオ州知事らは、レーガン政権時に住宅助成金を大幅に削減した連邦政府を激しく非難した。そして市長は発言した。

「一年に三〇〇〇億ドルもの大金を防衛費に費すのでなく、それをホームレスの人びと、高齢者、知恵遅れの子どもたち、そしてすべてのアメリカ人に分配すべきだ」

各種統計によると、一九八八年現在、アメリカ全国のホームレスは約三〇〇万人にのぼる。また、一九八九年一月、合衆国市長会議が発表した主要二七都市についての調査報告書『アメリカの都市における飢餓とホームレス・一九八八』によると、各都市は年平均一三％の割合で緊急避難施設のベッド数を増やし、一時的な収容家屋の数も二五％増加させている。しかしその数は利用希望者の増加に追いつかず、希望者の二二％は路頭に迷っている。そしてホームレス急増の主な原因は、低所得者住宅の不足、失業、貧困にある、と指摘している。

こうした状況のもとで行われたこの住宅デモ行進の最大のスローガンは、

「爆弾よりも住宅を！」

であった。ホームレスの問題は欧米先進国にとってだけではない。開発途上国において、事態はより深刻である。一九八六年の第三六回国連総会は「家のない人々のための国際年を設けること」を決議し、それを受けた三七回総会で、一九八七年を国際居住年と指定した。その目標は、

1．世界各国、とくに開発途上国において、一九八七年までに一部の貧困層および恵まれない人びとの住居および居住環境の改善を行なうこと

2．西暦二〇〇〇年までに貧困層および恵まれない人びとの住居と居住環境の実際的改善方法を見出すこと

であった。

先進国、開発途上国をとわず、世界のホームレスをなくすには、デモクラシーの確立だけでは不十分である。戦争をなくし、各国の軍事費を縮少して福祉にまわし、先進国が開発途上国の経済的自立を援助する、といった次元の課題がとりくまれねばならない。欧米諸国での多くのホームレスが移民であることを考えただけでも、これらのことは避けて通れないことがわかる。

また現在、地球環境問題が国際的課題となっている。フロンガスによるオゾン層の破壊、熱帯雨林の消滅、酸性雨、砂漠化等々。これらの諸現象は、これからの人類がこの地球上にどのように住んでいくかという課題を提起している。自然を破壊するあくなき経済成長政策、大都市集中、大量消費社会といった人間社会が続けてきたこれまでの生産様式、生活様式について、いま反省が求められている。

人類は、その長い歴史においてさまざまな問題に直面し、それらをまがりなりにも克服してき

た。少なくとも先進国では、今日、奴隷は解放され、飢餓はなくなり、伝染病は一応消滅した。だが世界全体としては未解決の問題が多い。そしてことがらは地球的規模での対応なしに解決できない事態に至っている。二一世紀に向かう人類は、「この地球上にどう住んでいくか」という課題に直面している。

市民の自覚と運動はいまふたたび新しい目標をあたえられているのである。

変革の主体をどうつくるか

社会を変えていくには、人権思想と民主主義に根ざした変革の主体の形成が不可欠だ、と本書を書きながらあらためて考えさせられる。そしてこの主体は、国民の各界各層の多様な人たちが、それぞれの分野で、人間の尊厳や社会的公正の実現にとりくむことをつうじて可能になるのであり、そうでなければ社会全体は良くならず、その改革を支えることはできないということであった。

西欧の住居実現の過程の特色はそこにあると見るべきだろう。

西欧社会を見ていると、多様な人生を多様に生きる、その多様な人びとのそれぞれの社会的自覚と多様な形態の運動が、人間が住むにふさわしい社会を創っていく原動力になっているように思われる。本書は欧米の住居をめぐる経験のささやかな考察にすぎないが、それを考えさせてくれるには十分であろうと思う。いま日本には、それが求められている。

あとがき

日本人の住まいが良くならないのはなぜか、とわたしは考えつづけてきた。一九七九年三月には『住宅貧乏物語』（岩波新書）を著した。ＥＣ（欧州共同体）が「日本人はウサギ小屋に住む働き中毒」と指摘するちょうどひと月ほど前のことであった。

住居は生活の器であるから、住居が不適切な状態であれば、人間の生活と社会にかかわるすべての側面――健康、家族、子どもの発達、福祉、環境、文化、政治等々に悪影響をあたえざるをえない。このことを明らかにすることが、住宅事情改善の必要性を世のなかに提起し世論を喚起する第一歩になるのではないかという考えから、住居にかかわる諸事象をできるだけ具体的にあつめ考察したのがこの小著であった。幸いにも多くの読者をえたが、その後の日本の住宅対策は後退し、格差は深まり、庶民の住宅事情は深刻化こそすれ、全体として人びとの生活を守り、支え、良くする役割からは遠ざかるばかりであった。

ところで、わたしが最初に海外に出かけたのは（中国を除き）四六歳になってからで、それまではチャンスがなかった。一九七七年九月から四カ月間、科学技術庁在外研究員としてスウェーデン、イギリスの国立建築研究所に滞在、そのあいだに西ドイツ、フランス、ソ連もたずねた。これらの国の住宅および住宅政策の実情を知ることが目的であった。

初めてのこの海外研究のあいだ、わたしはなるべく多くの住宅や住宅地や街を見て歩いた。知りあった人たちにお願いして家をみせてもらった。

イギリスでは研究者の家に下宿させてもらうようにたのんだ。研究公務員であるメル・パウントニイ氏の家は一階が三〇畳ほどのリビング兼ダイニングルーム、二〇畳ほどのシッティングルーム（応接をかねた居間）、六畳の台所、便所、二階は二〇畳が二つ、八畳、五畳の四寝室、浴室、便所、庭は一〇〇平方メートル以上はあるだろう、イギリスで典型的なセミデタッチメントハウス（二軒長屋）であった。そこに夫婦と高校生二人、小学生一人の五人で住んでいた。家の広さはむろん十分すぎるほど、まわりの住宅地は美しく、秋ともなるとプラタナスの並木道は落葉で彩られ、散歩がてらにぶらぶら歩くだけで楽しく、心の安らぎと充足感を感じさせてくれた。

それはイギリスだけではなく、ヨーロッパのどの国、どの都市、どの街を訪れてもおなじような印象を受けた。むろんどこの国にも貧しい人たちがいて貧しい住宅がある。だが、ミドルクラスはもとより、八百屋、肉屋、アイスクリーム売り、銀行の守衛さんといった市井の人たち、あるいは「労働者階級」に属する人びとの住宅は日本で想像するのとは桁はずれに立派であった。イギリスの公営住宅、西ドイツ、フランスの社会住宅、北欧諸国の協同組合住宅、そして各国の公営の老人ホームや老人住宅の水準は日本の比ではない。

それではいったいどこからそれが生まれたのか。いうまでもなく住居と街づくりにかかわる住宅・都市・土地（そして福祉）政策である。日本はそれがおくれている。日本人はその経済水準にくらべて豊かさを感じていない、と多くの世論調査や報告書はつたえている。生活の豊かさをつくりだす基礎は住宅と生活環境であり、それをうみだした西欧諸国の経験を日本は学ばねばならない。すでに多くの法律学者、建築・都市計画学者、関連行政機関などは、それらの制度を研究し紹介している。そのどれをとってみても、彼我の相違は大きい。そのことはプロローグでもふれた。

一九八〇年三月末、著者はふたたび文部省在外研究員として一年間の海外研究に旅立った。テーマは「住宅土地政策が生活環境形成に果たしている役割に関する研究」というものであった。土地と住宅に関する政策や制度は、結局のところ人間生活の基盤である生活環境の形成に寄与するためのものである。両者はどのようにかかわっているのか、それを現地で実際の住居やまちを見ながら研究しようというのが目的であった。

一年にわたる研究の滞在地と滞在期間をアメリカ二カ月、西ドイツ四カ月、イギリス六カ月とわけたのも、できるだけ多くの国、多くの街、異なった制度と政策の国についてそれを見たいと思ったからである。この間、カナダ、フランス、デンマーク、スイス、ベルギー、オランダ、イタリア、ギリシャなどへも小旅行した。

ところでわたし自身は、制度・政策それ自体を詳細に研究するよりも（それは多くの碩学がやってくれている、したがって本書もまたそれを紹介するのが目的ではない）、西欧諸国では、だれが、なぜ、どのようにして、それをつくり、発展させていったのか、という点により大きな関心があった。『住宅貧乏物語』で日本の住居の貧しさの実態とそれがもたらしている悪影響を明らかにしえたとしても、だれがどういう方法でそれを克服するのか。住居は生活の基盤であり、人間らしい暮らしと豊かさの基礎であるとしても、だれがどのようにしてそのような住居を実現するのか。西欧の制度が日本よりすすんでいるとしても、だれがどういう道筋をたどってそこへ近づけていくのか。それを明らかにするのでなければ状況は変わらない。日本が西欧社会から学ぶべきいちばん大切なことはそこにあるのではないか。

それが『貧乏物語』を書いたあとのわたしの最大の関心事であった。

各国の大学、研究所、役所、住宅供給機関等々の訪問にさいしての質問項目のひとつにそうした点も含めておいた。訪問先では、制度や政策の説明のあと資料をわたし現地を案内してくれるというのが一般的であったが、同時に各界の人びとの住宅改善についてのとりくみを紹介し、訪問のアポイントメント（約束）をとってくれているばあいも少なくなかった。たとえば、スウェーデンのイエーヴレにある国立建築研究所のアントニー所長は、スウェーデン土木建築労働組合委員長へのインタビューを予定してくれていた。わたしはスウェーデン語しか話せぬという委員長にそなえて、ストックホルム在住のデューク・エイコさんに同行してもらった。

委員長は次のような話をしてくれた。

「私ども建築労働者はむろん労働条件を改善する運動にとりくんでいます。同時に建築労働者はみんな良い仕事をしたい、良い家をつくりたいと願っています。良い住宅を建てたら国民の住生活は良くなります。それは私たちの喜びであり誇りです。そして良い住宅を建てられるかどうかは、主に政府の住宅政策によって左右されます。だから私たちはいつも政府の住宅政策を監視し、要求を出しています」と。

彼自身、住宅大臣の住宅政策顧問を務めていた。アントニー所長がこのインタビューをアレンジしてくれたのは、スウェーデンの住宅政策を支え発展させているバックグラウンドの一端をわたしに知らせたかったのであろう。日本の建設省付属研究機関である建築研究所に相当する国立建築研究所長のこのような配慮は、ひとつの見識といわねばなるまい。

このようにして、シカゴの経済界およびヒスパニック住民による住宅再生運動をはじめ、ロスアンゼルス、サンフランシスコ、ワシントン、ニューヨーク、ボストン、アーヘン、ケルン、ボン、フライブルグ、パリ、ロンドン、グラスゴウ、バーミンガム、マドリッド等々、行く先々で住宅問題にとりくむ学者、専門家、行政官、政治家、財界人、市民運動・労働組合団体の幹部らに会った。いつのまにかわたしはこれらの人びとの住宅へのとりくみを各地で地を這うようにして探し訪ね、たどたどしい英語で調べ歩いていた。これらのとりくみを仮りに広い意味での「住宅人権運動」と呼ぶならば、それはわたしが当初考えた直接の研究テーマではなかった。だが、欧米での住宅土地政策の研究は自然にそれらの調査にかかわることになっていった。

多くの専門家らがそのようなアレンジをし、熱心にアドバイスしてくれた理由は他にもあった。一九七〇年代後半から八〇年代初頭にかけて住宅問題が再び深刻になり、空家占拠などの住宅運動が燎原の火のようにして世界にひろがっていた。

また戦後の住宅政策が一応の役割を果たすと同時に、都市再開発によるコミュニティの崩壊への反発、老人や子どもを孤立させる高層住宅建設の中止、特定の階層だけがあつまるのでなくさまざまな年齢・職業・所得階層がいっしょに住むソーシャル・ミックスの必要性、団地計画・住宅管理への住民参加、等々が提起されたり強調されていた。イギリスでのサッチャー首相の登場は戦後福祉国家体制の基礎である住宅政策を大幅にカットすると同時に、住宅政策とそれに関連する行政・研究機関の閉鎖・縮小で大混乱をきたしていた。

こうした背景のもとで、多くの学者・行政官・専門家・市民・学生らは住宅政策の社会的政治的動向に大きな関心を寄せていたのである。それはイギリスだけでなく、問題の生じかた、とりあげかたこそ違え、アメリカ、ヨーロッパ諸国で共通していた。

一般に日本からの海外研究者の多くは特定の学術的テーマをもって研究生活を送る。当然のことである。それにくらべ、良くも悪くも細かいことにこだわらず、

「どのようにして欧米の住宅は良くなっていったのか」

とでもいった、素朴で単純な質問をぶっつけるわたしにたいして、彼らは現在おきていることを紹介するのがいちばんの早道とでも思ったのかもしれない。「まじめな」研究者にたいしてであればそうした対応をしなかったのかも知れない。

こうして、わたしの関心と海外での調査研究の成果は本書のような形でまとまることになった（ほかにもたくさん訪問し調査したが、未整理であったり紙数の都合で省いた。またおかげで本格的な研究書もあとまわしとなった）。

しかしそれにしても、たったこれだけのものをまとめるにしては時間がかかりすぎた。「ルポ・住まいと都市のルネッサンス」と題して、このような視点からの欧米見聞録の一端を『朝日ジャーナル』に連載し（一九八二年一〇月二二日号から四回）、それを読んだ新潮社編集部から依頼のあったのが本書のはじまりであり、その間、『朝日新聞』家庭欄に連載した「欧米住宅物語」などを『新・日本住宅物語』（朝日選書）、欧米の住宅政策の現状と日本の課題を『日本の住宅革命』（東経選書）として、また『住まいの処方箋』『土地と住まいの思想』（情報センター出版局）『住宅』（日本経済新聞社）などを刊行したが、本書のようなテーマの研究はなかなかはかどらなかった。

その理由はむろん基本的に著者の仕事のスローモーぶりにあるが、第四部イギリス編の一部をのぞいては原則として「文献」といったものが存在せず、現地を訪ねてヒヤリングし、住民運動団体や住宅関連機関等が発行しているチラシ、パンフレットの類い、事件に関連した新聞報道記事などをあつめ読みこなすことに手間どってしまった。また、それぞれの活動のその後のうごきや結果を知るために何度も現地を訪ねて再調査したり、じゅうぶん納得がいかず新しい活動をほりおこす必要があった。

結局、右の中長期の滞在を含めて、アメリカに三回、ヨーロッパには九回でかけた。一九八二年七月に、住居にかんする学際的で市民参加の研究組織「日本住宅会議」が多くの人の協力で設立され、著者が事務局をひき受けることになった。そのために少なからぬ時間をとられたこともある。

こうした経緯にもかかわらず本書を刊行できたのは、ひとえに新潮社の南政範氏が辛抱づよく待って下さったおかげである〔これを引き継がれた、下田勝司・東信堂社長にも御礼申し上げたい〕。

本書にかかわる調査研究と執筆にさいしては、実に多くのかたがたにお世話になり、またご協力いただいた。お名前を記して謝意を表したい。肩書などは大部分、調査時点のものである。〔肩書きなど一部、気のついた方は加筆訂正させていいただいた〕

アメリカ

シカゴ・ジェトロの小川修司氏、スキッドモア・オウイングス・メリル建築事務所にながく勤めるシカゴ在住の建築家大迫ジョージ・マサコ夫妻には調査について直接協力いただいた。

ロスアンゼルス市都市計画局ジェームズ・ヨシナガ氏には訪米の都度お世話になった。南カリフォルニア大学都市地域計画学部波部玲子助教授、同マイケル・デア教授には現地の案内や制度の背景などについて解説していただいた。とりわけ波部助教授とは日本とアメリカで何度も議論をかわし、日米の市民意識の差、制度成立過程の差、住民参加の形態の差等々について討論した。ワシントンＤＣのアーバン・インスティテュート研究員上野真城子さんからも貴重な示唆をいただいた。コロラド大学のウィレム・ヴァン・ヴリート教授からはアメリカに限らずつねに協力をえた。ニューヨーク市立大学に滞在中の加茂利男大阪市立大学教授、シアトル・ワシントン大学の加藤眞司氏、ロスで働く建築家佐藤俊郎氏（現在、福岡㈱環境デザイン機構代表）の協力も有難かった。

ワシントンＤＣ住宅デモの資料は、著者の研究室にいた岡本祥浩氏（現中京大学教授）が日本人としてこの集会に参加し、持ち帰ったものである。

イギリス

ロンドン大学政治経済学部（ＬＳＥ）森嶋道夫教授は著者を客員研究員として半年間受け入れ、イギリスでの研究活動を支援して下さった。また、同夫妻とは御自宅その他で日本とイギリスについてたえず意見を交わすことができ、著者の学問的構想を考える上でも大変参考になった。イギリス環境省建築研究所のメル・パウントニイ氏には部屋を提供していただき、またイギリス住宅事情とそれをめぐる諸状況について毎夜のように語りあえたのも有意義であった。ＬＳＥのヘバード・ダイアモンド教授、クリスチン・ホワイトヘッド教授、同建築学部のステファン・メレット教授らにも親身になって相談にのっていただいた。バーミンガム大学のクリストフ・ワトソン教授の友情も忘れることができない。

ロンドン大学滞在中の内田勝一早稲田大学教授とはしばしば一緒に各大学・各機関を訪問したが、イギリス法制度の仕組みの解説を受けたり、その優れた英語力によって著者の貧しい会話能力をカバーしていただけたのは大変有難く幸いであった。同じ時期にＬＳＥに客員として滞在されていた建元正弘大阪大学教授からは、イギリス経済や経済学の考え方など何かと教わることが多かった。いっしょに語りあえた中林賢二郎法政大学教授の急逝には心よりお悔やみ申し上げたい。グラスゴウ家賃ストライキは、いくつかの文献を参考に著者なりに当時の模様を再構成したものである。これについてはロンドンの空家占拠運動を含め、著者の研究室にいた松井誠司氏（現名古屋市役所）の研究に負うところが大きい。また住宅人権法案については鈴木浩福島大学教授による解説と翻訳を参考にさせていただいた。

フランス

小島亮一パリ日本人会会長、同岡本宏嗣事務局長、友田錫産経新聞パリ支局長は、初めてパリを訪れたとき街を案内したり御自宅でフランスの事情について説明して下さった。岡本氏にはその後も訪仏の都度協力いただいている。大使館の小林光氏は案内と通訳の労をとり、鴨志田恵一朝日新聞パリ支局長は著者のねがいをききいれて、住宅運動に取り組む組織を調べ、インタビューをアレンジして下さった。そこではたらくフランス人の女性記者ジゼル・タベルニエさんは現地調査に同行し、案内と仏＝英通訳の役割をはたして下さった。フランス留学中の早稲田大学寺尾仁氏〔現新潟大学教授〕にはパリでの調査で、また高間吉子さんおよび広島経済大学の池田信寛助教授にはフランス語資料の翻訳や現地調査にさいして多大の御協力を得た。パリに長く住んでおられた片岡京子さん、日本航空パリ支店の岡省一郎氏の協力がえられたことも有難かった。

古くからの友人シルビー・ギシャール・アンギスさん（ソルボンヌ大学）には、フランス政府の住宅行政機関やＨＬＭ等ではたらく友人を数多く紹介したりフランス事情を説明するなど、つねに協力していただいた。

西ドイツ

アーヘン工科大学のマンフレッド・シュパイデル教授には著者を受け入れてもらうなど何かとお世話になった。アーヘン工科大学在学中だった水原渉氏（現滋賀県立大学教授）は西ドイツにおける住宅事情・住宅政策の現状の説明、現地案内、通訳などアーヘン滞在中の四カ月間たえず協力いただいた。すでに七年余西ドイツに滞在し勉強をつづけていた水原氏の解説は貴重なものであった（同氏の研究成果は「西ドイツの国土・都市の計画と住宅政策――ある住宅政策のモデルとその実際」ドメス出版、として刊行されている）。丸山英気（現）千葉大学教授ならびに栗田哲男立教大学教授には住宅占拠運動を案内していただくなど、示唆を得るところが大きかった。

シュトルベルク占拠運動の調査はクリストフ・ケッペン夫妻の協力なしには語れない。ケッペン興子さんはこの占拠運動に参加し、その成果としてできた分譲住宅に住んでおられた。何度目かのシュトルベルクの調査に出むいた折りまったく偶然に団地の中でお会いし、家に招じ入れて夫妻でことのいきさつを詳しく説明して下さった。その後ケルンを訪れるたびにお訪ねし、話を伺っている。

水本浩（現）独協大学教授と一緒にボン政府を訪問し、西ドイツの都市・住宅・土地政策のヒヤリングができたことも大いに参考になった〔早くに逝去されたのは残念である〕。その他、ダルムシュタット在住の建築家春日井道彦氏、アーヘン市在住のハネス洋子さんらとの御自宅での歓談は御家族がドイツ人であることもあって、西ドイツの生活、文化、社会についてさまざまの側面から話を伺うことができ、ドイツについての理解を深めることができた。北山優子さんには資料の翻訳を手伝ってもらった。

右に掲げたかたがたのほか、いちいちお名前を記さないが自宅に招いたり案内してくださるなど、数多くのかたにお世話になった。

ワシントン、ロンドン、オタワ、パリ、コペンハーゲン、ニューデリーの日本大使館（領事館）のかたがたにはどこでも親切にし便宜をはかっていただいた。

パリのＯＥＣＤ（経済協力開発機構）、ブリュッセルのＥＣ（欧州共同体）、ジュネーブのＩＬＯ（国際労働機関）、ＷＨＯ（国際保健機関）各本部、クアラルンプールのＷＨＯ東南アジア支部等々の国際機関にもお世話になった。そこでのヒヤリングと意見の交換は住宅をめぐる世界の情勢と課題について認識を深めるものであった。これらの国際機関は、いずれも突然の訪問であったにもかかわらず丁寧に応対してくれたのが印象的である。ＯＥＣＤ、ＥＣでは、日本からやってきた人とこんなに激論を交わしたのは初めてだ、といわれた。

篠塚昭次早稲田大学教授を代表とする都市研究懇話会がストックホルム、ロンドン、パリ、ボン、ローマ、ベネチア、フィレンツェ、ボローニヤ、マドリッド、リスボン、北京、上海等を訪問し現地でシンポジウムや研究会議を持ったさい、メンバーの一員として参加できたことも、海外の事情について学際的でひろい視野から知識と理解を深める機会を与えられ、大いに勉強になった。これらの会議は毎日新聞社（とくに本間義人氏に負うところが大きい（現法政大学教授））、朝日新聞社、日本生命財団、全国農協中央会などからの援助を得ている。

著者の海外研究に際しては、科学技術庁、文部省、通産省、トヨタ財団、セコム財団、神戸大学工学振興会から援助をえた。海外調査費用の少なからぬ部分は私費であったとはいえ、これらの機関からの援助は大きな力となった。

本書のメイン・タイトルは最初、「人間は住むためにいかに闘ってきたか」にしようかと考えた。しかし、そう題するには歴史的叙述が不十分なので標題のようにした。また、おなじような発想で記述することを予定し、資料をあつめ、文献研究や現地調査をしていたソ連、近年とりくみだしたポーランド、ハンガリー、チェコスロバキアについては、調査の不十分さといましばらく情勢を見たいという気持ちから全部省いた。別の機会に『東欧住宅物語』として著したいと思う。同じく中国にはこれまでに約二〇回買い、延べ約一〇カ月にわたり滞在し調査した。『中国住宅物語』もいつかはまとめてみたいテーマである（ともに、現時点でその可能性は少ないが）。〝生活空間及び住宅・都市問題の比較体制論〟は、著者が学生時代に構想した研究テーマの一つである。

本書の構成にさいしては、西山夘三、陳舜臣、伊東光晴氏から御教示を得た。また神野武美、船越康亘氏の意見も参考にさせていただいた。

＊　　＊

社会は人間がつくっていくものであり、社会の主人は市民である。西欧諸国の歴史をたどるとそれが実によくわかる。生活環境づくりにおいても例外ではない。

それに比べて日本ではあまりにも国民の声が小さい。自分たちが歴史をつくる存在なのだという自覚にとぼしい。かつ政治はその意志を受けとめることが少ない。このような個々人の意識と社会状況のままでは、二一世紀に向かって住みやすい住宅と環境をつくっていくことは不可能であろう。本書がそうしたことを考えるうえで少しでもヒントをあたえることができるなら、著者の労は報われたといってよい。

一九九〇年一〇月一〇日

六甲の陋屋にて

著　者

※〔　〕内は新装版刊行にあたっての追記である。

Bureau des Etudes Economiques et du Plan "Enquete Logement 1984 de l'Institut National de la Statistique et de Etudes Economique-Inesee, Principaux Resultats"
"HLM　Aujourd' -Document réalisé par le Service de Ralations entérieures de l'Union des HLM, Février 1985"
Guy Delabre，Jean-Marie Gautier"Vers une Republique du Travail, J.B. A Godin, 1817 － 1888, Penser L'espace les Edition de la Villette 1988"
Ministère de l'Equipement, du Logement, des Transports et de la Mer"10 ans de Logement social - Chiffres et Analyses sur L'Évolution, de la Qualité et des PriX 1978-87"
"Paris 31 Mai-3 Juin 1989 hlm, Aide - Mémoire Statistique"
Jean - Pierre de Falt "Délinquance:1es 《 4.000 》 marquent de points - L'insécurité a sensiblement reculé à La Courneuve, Le Gouvernement l'ance la troisième opération 《Prévention été》
"Annuaire HLM 1986"
"hlm Aujourd'hui-Le Patrimoine en Mutation"2e Trimestre 1987 No6.
"Note Préparatoire à la Rencontre avec des Visiteurs Berlinois"
Commission Nationale Pour le Développement Social des Quartiers "Ces Quartiers où S'invente - la Ville"
"Ensembles - Bulletin de la Commission Pour le Développement Social de Quartiers Juin 1987 Numéro Quinze"
"Quartiers"Commisson Nationale de Développement des Quartiers"
49eme Congres National HLM, Bordeaux 24-27 Juin 1988, Aide - Mémoire Statistique "
"Utopia Becomes Reality-Godin and the Familistere of Guise"
"Recommandations pour la Conception Technique des logement réalisés par les Organisme d'HLM" 1983.
"Grands Projetes de l'Etat 1979・1989"
Le Corbusier "Maniére de Penser L'Urbanisme"1947. 坂倉準三訳『輝く都市』1968.
シャルル・ジード著、加藤国一郎訳『住宅経済学』1941.
Le Corbusier "Vers une Architecture"1924. 吉阪隆正訳『建築をめざして』1967.
Le Corbusier"Urbanisme"1929. Frederick Etchells "The Clty of Tomorrow and its Planning"1971.

第４部　西ドイツ

Wirtschaft-Kölner Stadt-Amziger-Nr. 174/27 samstag/Sontag, 28/29, July 1990.
Der Deutsche Mieterbund "Informationen und Ratschläge für alle Mieter"
"Dass der Tod uns Lebendig Findet und das Leben uns Niclit Tot! Dokumentatation zum Dreisameck mit Fotos, Texten und Flugblätern"
"Neue Heimat Jahresbricht 1977/78"
"zur Beteiligung an der Sanierung Severinsviertel-Stollwerck und wie es werden Kaun"
Landesentwicklungsgesellschaft Nordrhein-Westfalen für Städebau, Wohnungswesen und Agrarordnung GmbH "Die Gesellschaft der Wohnungsnutzer" 1979.
Stadt Köln "33 Neue Wohnungen in der Severinsmühlengasse"
Stadt Köln "Informationen zur Sanierung des Severinsviertels, Nr. 3 Mieten und Modernisierung"
Die Stadt Köln lnformiert "Was lst wirklich los im Stollwerck?"
Stadt Köln "Einladung zur Bürgervensammlung" Montag, 21. April 1980 19. 30 Uhr Gemeindesaal St. Severin
Stadt Köln "Informationen zur Sanierung des Severinsviertels, Gschichtliche Entwicklung" 1. 1976.

第2部　イギリス

Des Wilson "I know it was the Place's Fault"1970.

The Environmental Health Officers Association"Environmental Health Report 1979"

Joseph Melling 編著 "Housing, Social Policy and the State" のうち、

Joseph Melling 'Clydeside Housing and the Evolution of State Rent Control, 1900-1939'

Sean Damer 'State, Class and Housing: Glasgou 1885-1919'

David Englander 'Land Lord and Tenant in Urban Britain 1838-1918'

Mannuel Castells "The City and the Grassroots - Houses make a town but citizens make a city 1983.

David Englander "Landlord and Tenant in Urban Britain"1983.

Peter Dickens, Sussex University, Brighton "Mental Labour, Manual Labour and Building-Production- A materialist approach to design" Political Economy of Housing Workshop 14-15 February, 1981.

HSAG, Housing Services Advisery Group "Tenancy Agreements" Department of the Environment (DOE).

Department of Health and Social Security "Fit for the Committee on Child Health Services" H.M.S.O., 1976.

Shelter "The Kids don't notice"

Shelter "No Place to Glow up-A Shelter report on the effect of bad housing on children"

Winter J "Housing, Health and Delinquency" Shelter, March 1977.

"Squatting the real story 1979.

J.B.Cullingworth "Town and Country Planning in England and Wales" 久保田誠三訳『英国の都市農村計画』 1952.

Edwin Chadwick "Report on the Sanitary Condition of the Labouring Population of Great Britain" 1842.

WHO"Health Personal and Hospital Environment, Vol. III, World Health Statistics Geneve" 1980.

Shelter, National Campaign for the Homeless "Action For TheHomeless - Fieldwork Report"

Shelter "The Forgotten Problem, A Study of Tied Accommodation and the Cycle of security by Steve Schiffers"

"Support" published by SUPPORT.

"More Police But No More Houses"'Roof ' July/August 1980.

Shelter "And I'll blow your House Down, Housing need in Britain:present and future "December 1980.

Shelter 'Roof' Vol. 6, No 1, January/February 1981.

Shelter "The Homeless in London"

Shelter 'Roof, May/June 1990.

"Housing Rights Campaign, for Decent Housing, for Homes for All, for a Housing Rights Action in 1987"

鈴木浩「イギリスにおける"住宅人権法"を求めるキャンペーン」『土地住宅問題』156号，1987年8月号.

第3部　フランス

Roger Quillot, Roger-Henri Guerrand "Cent ans D'habitat Social-une Utopie Realiste"1989.

Herve Martin "Guide de L'architecture Moderne a Paris 1900-1990" 1987.

Pierre Guinchat, Marie-Paule Chaulet, Lisette Gaillardot "Il etait une Fois L'habitat"1981.

Ministère de l'Equipement et du Logement, Ministére des Affaires Etrangéres "5 Villes Nouvelles en Region Parisienne" 1988.

参考資料・文献

ここに掲げた資料には、パンフレット、チラシの類いが多数あり、その中には発行者名、発行年月日の記されていないものもある。それらはすべて1980年4月－90年7月の間に現地で入手したものである。

第1部　アメリカ

Deaborn Park "The Townhomes" "The Mid-Rise Condominium", "Project Data"

Deaborn Park, Chicago's next great neighborhood "NEWS, Spring 1980"

"Watts Labor Community Action Committee"

City of Los Angeles, Department of City Planning "Environmental Assessment Form"

The United States Conference of Mayors "A Status Report on Hunger and Homelessness in America's Cities: 1988"

City of Los Angeles, City Hall "Subdivision Agenda"

City of Los Angeles "Guidelines for Landscape Plans Clearance"

City of Los Angeles "Tentative Gardning Computations"

Nora Richter Greer "Housing for the Poor: Losing More Than We Build" Architecture/July 1987.

Housing Los Angeles, June 1988 "We Want a Public Hearing to Ask Mayor Bradley :Why we need to spend hundreds of millions more tax dollars for high rise officials, hotels and expensive apartments ? Why we can't spend that money to meet community needs like housing, health care, child care and education?"

Gray Panthers "The Gray Panthers Call for Decent Housing" February 1980.

Deputy Advisory Agency Los Angeles "Notice of Public Hearing to Property Owners"

"Solving the Housing Crisis" Progressive Architecture October 1988.

Venice Neighbor to Neighbor "Homelessness-the Low-Cost Housing Crisis"

Community Economic Development Unit "Legal Aid Foundation of Los Angeles" June 1987.

City of Los Angeles, Community Development Department "City of Los Angeles Multifamily Housing Bond Program - 1988 Request for Project Applications for New Construction Rental Project"

"We're doing something - to revitalize and rehabilitate our older neighborhoods through the Los Angeles County Neighborhood Housing Services（NHS）Partnership Program" 1986.

"Neighborhood Housing Services of Los Angeles Annual Report 1986"

"LISC 1987 Annual Report" Local Initiative Support Corporation.

"Los Angeles Times" Thursday, June 2, 1988.

"Housing policy" Patricia Roberts Harris Secretary, U. S. Department of Housing and Urban Development.

The Community Redevelopment Agency of the City of Los Angeles（CRA）"Housing Development Guidelines"

U.S. Department of Housing and Urban Development "Minimum Property Standards, Multifamily Housing" Washington D. C. 1979.

"The Washington Post" Sunday, Octber 8, 1989.

"The New York Times" Sunday, October 8, 1989.

"Guardian" October ll, 1989.

Larry Yates "Low Income Housing ln America-An Introduction" 1990.

著者紹介

早川　和男（はやかわ　かずお）

1931年　奈良市に生まれる。
1955年　京都大学工学部卒
現　在　長崎総合科学大学教授
　　　　日本福祉大学客員教授
　　　　神戸大学名誉教授
　　　　日本居住福祉学会会長

著書

『空間価値論』（勁草書房）、『土地問題の政治経済学』『日本の住宅革命』（東洋経済新報社）、『住宅貧乏物語』『居住福祉』（岩波新書）、『新・日本住宅物語』（朝日新聞社）、『住まいの処方箋』『土地と住まいの思想』（情報センター出版局）、『老いの住まい学』（岩波ブックレット）、『居住福祉の論理』（共著、東京大学出版会）、『安心思想の住まい学』（三五館）、『学問に情けあり』（共著、大月書店）、『講座 現代居住』（全5巻、編集代表、東京大学出版会）、『高校生が考えた「居住福祉」』（共編著、クリエイツかもがわ）、『居住福祉学と人間』（共編著、三五館）、『災害と居住福祉』（三五館）

人は住むためにいかに闘ってきたか――欧米住宅物語〔新装版〕

2005年11月10日　初　版 第1刷発行　〔検印省略〕

＊定価はカバーに表示してあります

著者 © 早川和男　発行者 下田勝司　印刷・製本 中央精版印刷

東京都文京区向丘1-20-6 郵便振替 00110-6-37828
〒113-0023 TEL (03) 3818-5521(代) FAX (03) 3818-5514
E-Mail tk203444@fsinet.or.jp
発行所 株式会社 東信堂

Published by TOSHINDO PUBLISHING CO., LTD.
1-20-6, Mukougaoka, Bunkyo-ku, Tokyo, 113-0023, Japan

http://www.toshindo-pub.com/

ISBN4-88713-630-7 C1036

東信堂

グローバル化と知的様式—社会科学方法論についての七つのエッセー	J・ガルトゥング 矢澤修次郎・大重光太郎訳	二八〇〇円
階級・ジェンダー・再生産—現代資本主義社会の存続メカニズム	橋本健二	三二〇〇円
現代日本の階級構造—理論・方法・計量分析	橋本健二	四五〇〇円
再生産論を読む—バーンスティン、ブルデュー、ボールズ＝ギンティス、ウィリスの再生産論	小内透	三二〇〇円
教育と不平等の社会理論—再生産論をこえて	小内透	三二〇〇円
現代社会と権威主義—フランクフルト学派権威論の再構成	保坂稔	三六〇〇円
共生社会とマイノリティへの支援—日本人ムスリマの社会的対応から	寺田貴美代	三六〇〇円
現代社会学における歴史と批判〔上巻〕—グローバル化の社会学	武川正吾・山田信行 編	二八〇〇円
現代社会学における歴史と批判〔下巻〕—近代資本制と主体性	片桐新自・丹辺宣彦 編	二八〇〇円
ボランティア活動の論理—阪神・淡路大震災からサブシステンス社会へ	西山志保	三八〇〇円
現代環境問題論—理論と方法の再定置のために	井上孝夫	二三〇〇円
日本の環境保護運動	長谷敏夫	二五〇〇円
環境のための教育—批判的カリキュラム理論と環境教育	J・フェイン著 石川聡子他訳	二三〇〇円
イギリスにおける住居管理—オクタヴィア・ヒルからサッチャーへ	中島明子	七四五三円
情報・メディア・教育の社会学—カルチュラル・スタディーズしてみませんか？	井口博充	二三〇〇円
BBCイギリス放送協会〔第二版〕—パブリック・サービス放送の伝統	簑葉信弘	二五〇〇円
ケリー博士の死をめぐるBBCと英政府の確執—イラク文書疑惑の顛末	簑葉信弘	八〇〇円
サウンドバイト：思考と感性が止まるとき—メディアの病理に教育は何ができるか	小田玲子	二五〇〇円
記憶の不確定性—社会学的探求	松浦雄介	二五〇〇円

〒113-0023 東京都文京区向丘1-20-6 TEL 03-3818-5521 FAX 03-3818-5514 振替 00110-6-37828
Email tk203444@fsinet.or.jp URL: http://www.toshindo-pub.com/

※定価：表示価格（本体）＋税